FICHTEL-GEBIRGE

Norbert Forsch

KOMPASS Wanderführer

Norbert Forsch

Jahrgang 1958, wurde im Hunsrück geboren.
Er studierte Erziehungswissenschaft und Völkerkunde und wohnt heute bei Heidelberg.

Der Autor betreut außerdem die KOMPASS-Wanderführer Hunsrück (1061), Fränkische Schweiz (1060), Spessart (1073) und Taunus (1074).

© **KOMPASS-Karten GmbH · 6063 Rum/Innsbruck (Österreich)**

1. Auflage 2008 · ISBN 978-3-85026-018-3 Verlagsnummer 1059

Text und Fotografie: Norbert Forsch
Lektorat: Karin Straßer
Bildnachweis: Alle Aufnahmen vom Autor.
Titelbild: Blick vom Rudolfstein.
Bild Seite 1: Im Egertal bei Röslau.
Bild Seite 3: Am Weißen Main in Bad Berneck.

Grafische Herstellung: wt-BuchTeam
Wanderkartenausschnitte: © KOMPASS-Karten GmbH
Höhenprofile: wt-BuchTeam

Alle Angaben und Routenbeschreibungen wurden nach bestem Wissen gemäß unserer derzeitigen Informationslage gemacht. Die Wanderungen wurden sehr sorgfältig ausgewählt und beschrieben, Schwierigkeiten werden im Text kurz angegeben. Es können jedoch Änderungen an Wegen und im aktuellen Naturzustand eintreten. Wanderer und alle Kartenbenützer müssen darauf achten, dass aufgrund ständiger Veränderungen die Wegzustände bezüglich Begehbarkeit sich nicht mit den Angaben in der Karte decken müssen. Bei der großen Fülle des bearbeiteten Materials sind daher vereinzelte Fehler und Unstimmigkeiten nicht vermeidbar. Die Verwendung dieses Führers erfolgt ausschließlich auf eigenes Risiko und auf eigene Gefahr, somit eigenverantwortlich. Eine Haftung für etwaige Unfälle oder Schäden jeder Art wird daher nicht übernommen. Für Berichtigungen und Verbesserungsvorschläge ist die Redaktion stets dankbar.
Korrekturhinweise bitte an folgende Anschrift:

Walter Theil, Irmengardstraße 9, 84518 Garching/Alz (Deutschland)
Telefon 0049-(0)8634/68 98 03 · Fax 0049-(0)8634/68 98 04
E-mail: info@wt-buchteam.de · www.wt-buchteam.de
oder an
KOMPASS-Karten GmbH, Kaplanstraße 2, 6063 Rum/Innsbruck (Österreich)
Telefon 0043-(0)512/26 55 61-0 · Fax 0043-(0)512/26 55 61-8
E-mail: kompass@kompass.at · www.kompass.at

Vorwort

Das Fichtelgebirge gilt als »sagenhaftes Stück Bayern«. Die herb-schöne Landschaft mit ihren ausgedehnten Wäldern, Blockmeeren und Wildbächen lädt zu ausgedehnten erholsamen Wanderungen ein. Anspruchsvolle Höhenwege verbinden zernagte Felstürme und raue Gipfel, die herrliche Fernsichten schenken. Lauschig ist es in den Tälern. Dort begleiten gemütliche Spazierwege die idyllischen Ufer der Flüsse. Eingebettet in die bewaldeten Gebirgszüge und sanften offenen Hochflächen sind die Fichtelgebirgsorte, in ihrer Mitte die historische Festspielstadt Wunsiedel.

Rund 3000 Kilometer markierter Wanderwege verbinden bemerkenswerte Naturschauspiele. Eines der bekanntesten ist das Felsenlabyrinth Luisenburg gleich neben der berühmten Freilichtbühne. Zwischen Fichten, Tannen und übereinander gestürzten Granitblöcken erstreckt sich einer der schönsten Wandersteige Deutschlands. Zu den beliebtesten Gipfelzielen zählen außerdem Ochsenkopf, Schneeberg, Kösseine und Großer Waldstein und es ist längst kein Wagnis mehr, einen Abstecher zum tschechischen Nachbarn zu machen.

Nicht vergessen darf man die Seen, darunter den Fichtelsee, der mit seinem sauerstoffarmen Wasser ein ganz eigenes Badeerlebnis bietet. Der Weißenstädter See eignet sich ebenfalls bestens als Ausgangs- oder Endpunkt einer Wanderung.

Das Fichtelgebirge wird auch Bayrisches Sibirien genannt. In der Tat, oft ist es kalt und es bläst ein rauer Wind. Aber gerade dann offenbart das Gebirge seinen ganz besonderen Reiz und will sich als »Land der Mythen und Moorgeister« zeigen. Und wer im herbstlichen Nebel das Gebirge erkundet, der mag hinter manchem Baumstrunk einen Wichtel erkennen und sich an alte Geschichten von Schatzhöhlen und geheimnisvollen Bergwerken erinnern.

INHALT

Seite

Vorwort	3
Das Gebiet	6
Hauptausgangsorte von A-Z	11
Ausflugsziele und Sehenswürdigkeiten	15
Tipps und Hinweise	19

1	Wunsiedel – Luisenburg – Bad Alexandersbad	20
2	Luisenburg – Haberstein – Kösseine	22
3	Wunsiedel – Vierst – Hildenbach – Göringsreuth	24
4	Wunsiedel – Luisenburg – Bad Alexandersbad – Wintersreuth	26
5	Bad Alexandersbad – Luisenburg – Haberstein – Kleinwendern	30
6	Bad Alexandersbad – Demutstal – Sichersreuth	32
7	Vordorfermühle – Leupoldsdorferhammer	34
8	Tröstau – Hohe Matze – Kösseine	36
9	Nagel – Kösseine – Reichenbach	38
10	Vordorfermühle – Nußhardt – Seehaus	40
11	Silberhaus – Platte – Seehaus – Fichtelsee	42
12	Grünberg – Zinnerbrunnen – Waldhaus Mehlmeisel	44
13	Bayreuther Haus – Wolfsäule – Waldhaus Mehlmeisel	46
14	Ahornberg – Waldhaus Mehlmeisel	48
15	Fichtelberg – Waldhaus Mehlmeisel – Hüttstadl	50
16	Besucherbergwerk Gleißinger Fels – Fichtelsee	52
17	Besucherbergwerk Gleißinger Fels – Fleckl	54
18	Warmensteinach – Grassemann – Ochsenkopf – Fleckl	56
19	Warmensteinach – Oberwarmensteinach – Eisenberg	60
20	Warmensteinach – Grassemann – Waldmoorbad Fleckl	62
21	Fleckl – Ochsenkopf – Weißmainquelle – Fichtelnaabquelle	64
22	Sophienthal – Kattersreuth – Dreihirtenstein	66
23	Goldkronach – Schmutzlerzeche – Brandholz	68
24	Bad Berneck – Burgruine Neu-Wallenrode – Hohe Warte	70
25	Marktschorgast – Neuenmarkt	72
26	Gefrees – Wetzsteinfelsen – Egerquelle	74
27	Bischofsgrün – Hügelfelsen – Oberes Weißmaintal	76
28	Bischofsgrün – Ochsenkopf – Weißmainquelle – Karches	78
29	Bischofsgrün – Schneeberg – Karches	80
30	Bischofsgrün – Karches	82
31	Zell – Haidberg – Saalequelle	84

FICHTELGEBIRGE

		Seite
32	Sparneck – Großer Waldstein – Kleiner Waldstein	86
33	Schönlind – Rudolfstein – Drei-Brüder-Felsen	88
34	Weißenstadt – Rudolfstein – Schneeberg	90
35	Weißenstadt – Großer Waldstein	94
36	Röslau – Eger-Auen	96
37	Hinteres Buchhaus – Burgruine Epprechtstein	98
38	Kirchenlamitz – Buchhaus – Lamitzbrunnen	100
39	Kirchenlamitz-Ost – Großer Kornberg	102
40	Selb – Leupoldshammer – Wellerthal	104
41	Selb – Häuseloh – Markgrafenteich	106
42	Thierstein – Neuhaus a. d. Eger	108
43	Bernstein – Johanneszeche – Göpfersgrün	110
44	Arzberg – Kohlberg – Feisnitzspeicher	112
45	Hohenberg a. d. Eger – Libá – Pomezná	114
46	Hohenberg a. d. Eger – Steinhaus – Neuhaus a. d. Eger	116
47	Marktredwitz – Wenderner Stein	118
48	Grenzlandhütte – Dreifaltigkeitskirche Kappel	120
49	Pfaben – Saubadfelsen – Vogelfelsen	122
50	Marktredwitzer Haus – Burgruine Weißenstein – Platte	124

Stichwortverzeichnis 126

Auf dem Weg zur Hohen Matze.

FICHTELGEBIRGE

Blick vom Rudolfstein.

Das Gebiet

Das Fichtelgebirge gehört zu den Mittelgebirgen Deutschlands und liegt im Nordosten Bayerns im Regierungsbezirk Oberfranken. Es grenzt im Nordosten ans Erzgebirge, im Norden ans Vogtland, im Nordwesten an den Frankenwald, im Südwesten an den Thüringer Wald und im Südosten an Oberpfälzer-, Böhmer- und Bayerischen Wald.

Das Fichtelgebirge gliedert sich in einen aus mehreren Gebirgszügen zusammengesetzten, hufeisenförmigen Gebirgsstock. Er öffnet sich nach Nordosten und umschließt ein welliges Hochland, dessen Mittelpunkt die Stadt Wunsiedel ist. Den nördlichen Teil des Gebirges bilden der Waldstein- und Kornbergzug mit den höchsten Erhebungen Großer Waldstein (877 m) und Großer Kornberg (827 m). Im Südosten und durch das Wunsiedeler Becken getrennt, erhebt sich das Kösseinemassiv mit der berühmten Luisenburg und der Kösseine (939 m). An das Kösseinemassiv schließt sich südlich der Steinwald, ein mächtiger bewaldeter Granitrücken mit der Platte (946 m) an. Von Nordwesten gen Südosten erstreckt sich die Schneebergkette mit dem höchsten Berg Frankens, dem Schneeberg (1053 m). Ihr westlich vorgelagert erhebt sich der Ochsenkopf (1024 m), der zweithöchste Berg des Gebietes.

Über das Fichtelgebirge verläuft die europäische Hauptwasserscheide zwischen Nordsee und Schwarzem Meer. In alter Zeit wurde das Fichtelgebirge auch Herzbrunnen Europas genannt, denn ihm entspringen Weißer Main, Sächsische Saale, Eger und Fichtelnaab, die sich nach allen vier Himmelsrichtungen wenden. Eingebettet in die herb-schöne Landschaft liegen beschauliche Dörfer und Kurorte, aber auch durch Industrie geprägte Städte, wie Marktredwitz.

Der über Jahrhunderte im großen Stil betriebene Bergbau spielt heute keine große Rolle mehr. An seine Stelle sind Porzellan-, Textil-, Glas- und Steinindustrie getreten. Während die Forstwirtschaft seit jeher von Bedeutung ist, sind der Landwirtschaft wegen des niederschlagsreichen Klimas nach wie vor enge Grenzen gesetzt. Sie beschränkt sich überwiegend auf Milchwirtschaft und den Anbau von Getreide und Kartoffeln. Ganzjährig von herausragender Bedeutung ist der Fremdenverkehr, denn das Fichtelgebirge ist nicht nur Wanderziel, sondern auch beliebtes Wintersportgebiet.

Das Fichtelgebirge wurde 1971 als Naturpark ausgewiesen und umfasst rund 102.000 Hektar. Der südliche Ausläufer des Fichtelgebirges, der Steinwald, wurde 1970 zum Naturpark erklärt. Er ist mit 24.000 Hektar der kleinste Naturpark Deutschlands.

Wetter

Im Fichtelgebirge sorgt die Höhenlage zusammen mit der besonderen Gebirgsform für ein raues und kaltes Klima. Während der östliche Gebirgswall mit Ochsenkopf und Schneeberg die warm-feuchten Westwinde fängt und sie zum Abregnen bringt, liegt das innere Hochland im Regenschatten. Dort ist es zwar relativ niederschlagsarm, aber ungewöhnlich kalt, denn die nach Nordosten geöffnete Hufeisenform des Gebirges fängt die kalten Ostwinde regelrecht ein.

Die Frostperiode kann je nach Höhenlage ein halbes Jahr überschreiten. Bis in den Juni ist mit Kälte zu rechnen, und der erste Schnee fällt oft schon Ende Oktober. Im Sommer steigen die Temperaturen selten über 30 Grad, und der meiste Niederschlag fällt im Juli. Wetterberuhigung, aber auch Nebel, bringt der Herbst. Am mildesten ist das Klima in den geschützten westlichen Gebieten um Bad Berneck und Goldkronach.

Pflanzen und Tiere

Bei Wanderungen verbindet man den Namen Fichtelgebirge schnell mit den allgegenwärtigen Fichten. Wahrscheinlicher leitet er sich aber von »Wichtelgebirge« her, denn die heutigen Fichtenwälder sind noch recht jung. Sie entstanden erst nach den Abholzungen für das Bergbau- und Hüttenwesen durch Wiederaufforstung. Mischwald finden wir heute nur noch im Reichswald südlich von Arzberg. Die Buche wächst in größerer Zahl am Großen Schneeberg, am Waldstein und vor allem auf dem Großen Hengstberg. Eher vereinzelt stocken Kiefer, Bergahorn, Eberesche und Tanne.

FICHTELGEBIRGE

Bei Hohenberg gibt es noch Störche.

Charakteristisch für das Fichtelgebirge ist das geringe Vorkommen an Blütenpflanzen. Zum Ausgleich gibt es einen großen Reichtum an Blütenlosen, unter ihnen zahlreiche Farne, Moose, Flechten und Algen. Allemal werden Pilz- und Beerensammler gut bedient. Im Bergwald wachsen Steinpilze und gedeihen Himbeeren, Heidelbeeren, Preiselbeeren und Holunderbeeren in großen Mengen. Und natürlich blüht es auch. Im Halbschatten leuchten Maiglöckchen und der Siebenstern. Er ist das Wahrzeichen der Region und das Emblem des Fichtelgebirgsvereins. Abseits von Granit und Gneis sind die Böden artenreicher und es gedeihen unter anderem mehrere Enzian- und Orchideenarten. Eine ganz besondere Pflanzen- und Tiergesellschaft mit Wollgras, Moosbeeren und Zwergbirken besiedelt die Reste der einst großflächigen Hochmoore, unter ihnen die Seelohe beim Fichtelsee und das Zeitelmoos bei Wunsiedel.

König der Wälder ist der Rothirsch. Rehwild und Wildschweine sind häufig. Neben dem Fuchs ist der wieder erschienene Luchs das einzige größere Raubtier. An Nagern sind Siebenschläfer, Gartenschläfer und Haselmaus zu nennen. Kaum zu Gesicht bekommt man den nachtaktiven Dachs, eher einen Iltis oder ein Wiesel. In den Bäumen ist der Schwarzspecht häufig zu sehen, seltener Tannenhäher, Zeisig und Fichtenkreuzschnabel. Die nahezu ausgestorbenen Auerhühner leben noch in geringer Zahl im Wald am Schneeberg und auf der Platte im Steinwald. Natürlich gibt es Eulen und bei Hohenberg a.d. Eger haben sich Störche niedergelassen.

Auf den Feuchtwiesen ist der Wiesenpieper heimisch, an den Bachläufen Fischotter, Biber, Eisvogel, Weißstorch, Bergstelze und Wasseramsel. Im Wasser tummeln sich Forellen, Barsche, Äschen, Barben, Schleien und Rotaugen. Die seltene Flussperlmuschel lebt noch in der Ölschnitz bei Bad Berneck und im Perlenbach bei Schönwald.

Natürlich gibt es eine große Vielfalt an Insekten, unter denen die vielen bunten Schmetterlinge sofort ins Auge fallen.

Gesteine und Mineralien

Vor rund 550 Millionen Jahren haben gewaltige Erdkräfte das Fichtelgebirge aufgetürmt. In den fol-

FICHTELGEBIRGE

genden Jahrmillionen erhielt es die heutige Form. Das Gebirge zerbrach in große Schollen und Tiefengesteine drangen an die Oberfläche. Vulkantätigkeit und Verwitterung modellierten es. Übrig geblieben ist ein granitenes Hufeisen mit Höhen über 1000 m. Das Fichtelgebirge gilt als »die steinreiche Ecke Bayerns«. Es war einmal ein Dorado für Mineraliensammler und Kristallsucher. Heute sind die Fundstellen weitestgehend abgesammelt, und man braucht großes Glück, um noch einen ansehnlichen Turmalin, Bergkristall oder Topas zu finden. Zum Trost erlaubt die Mineraliensammlung des Fichtelgebirgsmuseums in Wunsiedel einen herrlichen Blick auf die Schätze des Gebirges.

Die wertvollen Erze des Gebirges zogen schon zur Steinzeit Menschen an. Ab dem 14. Jh. wurde Bergbau im großen Stil betrieben und prägte das Land. Abgebaut wurden vor allem Zinn, Kupfer, Gold, Silber, Blei und Eisen. Im 18. Jh. kam der Bergbau weitgehend zum Erliegen, aber erst 1981 wurden letzte vergebliche Versuche gemacht, das goldhaltige Gestein Goldkronachs abzubauen. Von der Blütezeit des Bergbaus künden Besucherbergwerke und Museen, Steinbrüche und verfallene Stollenmünder. Heute spielt nur noch der Abbau von Uran eine gewisse Rolle. Eine Besonderheit ist die Specksteingrube bei Göpfersgrün, das größte Lager seiner Art in Europa.

Porzellan

Im Fichtelgebirge konzentriert sich der größte Teil der deutschen Porzellanindustrie. Den Anfang machte 1814 die Niederlassung C. M. Hutschenreuther in Hohenberg. Ihr folgten Porzellanfabriken in Arzberg, Selb, Weiden, Wunsiedel und in vielen anderen Orten. Grundlage der Industrie bildeten die großen Kaolinvorkommen im nahen Karlsbader Becken. Holz für die Brennöfen lieferte das Fichtelgebirge, Braun- und Steinkohle die mitteldeutschen und böhmischen Gruben. Im 19. Jh. entwickelte sich Selb und Umgebung zum Weltzentrum der Porzellanindustrie, und noch heute kommt ein großer Teil deutscher Porzellanproduktion aus dieser Region. Die Porzellanstraße verbindet die Orte.

Info: www.porzellanstrasse.de

Jean Paul

Der Schriftsteller Jean Paul, eigentlich Johann Paul Friedrich Richter, wurde am 21. März 1763 in Wunsiedel als Pfarrerssohn geboren. Er legte sich sein Pseudonym aus Verehrung für den Philosophen Jean Rousseau zu. Jean Paul verbrachte die Kindheit in Joditz bei Hof. Sein Leben war von Geburt an durch Armut geprägt. Der frühe Tod seines Vaters, ein abgebrochenes Theologiestudium, Flucht vor Gläubigern, Hauslehrerstellen, unglückliche Liebschaften und gelöste Verlobungen sind Stationen seines oft glücklosen Lebens. Erst nach seiner Heirat

1801 wendete sich das Blatt und erste literarische Erfolge stellten sich ein. Zwar lebte er weiterhin unter bedrängten finanziellen Verhältnissen, aber seiner Arbeit wurde Anerkennung gezollt. Nach seinem Tod im November 1825 in Bayreuth geriet sein Werk schnell in Vergessenheit. Es wurde erst im Lauf des 20. Jahrhunderts wieder entdeckt.

Der Jean-Paul-Weg, ein Wanderweg, führt von Joditz nach Hof und ehrt den Verfasser humoristisch-phantastischer Romane.

Küche und Keller

Der Gast ist im Fichtelgebirge noch König. Urige Berghütten und Dorfgasthäuser versorgen den Wanderer mit deftigen Brotzeiten und bodenständig fränkischer Kost, Hotels der Spitzenklasse mit gehobener Küche. Auf den Speisekarten finden sich fränkische Schmankerln, Gerichte aus dem nahen Böhmerwald und der Oberpfalz, aber auch internationale Spezialitäten.

Suppen sind ein wichtiger Bestandteil des traditionellen Speiseplans. Als Beilage von Hauptgerichten dominieren Klöße in etlichen Variationen. Ein wichtiger Bestandteil sind auch Kartoffeln, gehört die Region um Selb doch zu den frühesten Kartoffelanbaugebieten Deutschlands. Ein bekanntes Eintopfgericht ist der Schnitz, ein Kartoffelgericht mit Fleischeinlage.

Bratenfleisch und Würste in allen Variationen, Schlachtplatten, Schäuferla und Leberkäs, Schinken und Hausmacherspezialitäten, sind aus dem Speiseplan nicht wegzudenken. Dazu trinkt man gerne ein süffiges Bier, denn schließlich hat Oberfranken nicht nur die höchste Metzgerdichte Deutschlands, sondern auch die höchste Brauereidichte der Welt.

Wanderwege

Das markierte Wanderwegenetz im Fichtelgebirge umfasst rund 3000 km Länge. Sechs überregionale Wanderwege verbinden das Fichtelgebirge mit angrenzenden Regionen. Es gibt 12 Hauptwanderwege und viele Anschluss- und Verbindungswege. Jede größere Ortschaft hat außerdem mehrere, meist kurze Rundwanderwege im Angebot. Hinzu kommen etliche Themenwege und Lehrpfade. Der Fichtelgebirgsverein, Bayerns größter Wander- und Heimatverein, pflegt die Wanderwegemarkierungen, Felsbesteigungsanlagen und Aussichtstürme, engagiert sich im Natur- und Landschaftsschutz, bildet Wanderführer aus und unterhält Unterkunftshäuser.

> Die **Sechsämtertropfen** wurden vom Wunsiedeler Pharmazeuten und Destillateur Gottlieb Vetter Ende des 19. Jh.s als Kräuterlikör entwickelt. Er besteht aus verdauungsfördernden und magenstärkenden Wurzeln, Kräutern und Beeren. Der hohe Anteil an Vogelbeersaft verleiht ihm den charakteristischen Geschmack. Namensgebend ist das einstige Sechsämterland, das einschließlich Wunsiedel aus sechs Gemeinden bestand.

HAUPTAUSGANGSORTE VON A-Z

Das Markgrafenschloss in Bad Alexandersbad.

Hauptausgangsorte von A-Z

Arzberg
Stadt im Röslautal mit reicher Bergwerks- und Porzellantradition. Kirchenburganlage aus dem 15. Jh. mit Pulverturm, Wahrzeichen der Stadt. Evangelische Pfarrkirche St. Maria Magdalena, 1792 im Markgrafenstil errichtet. Katholische Pfarrkirche von 1875 in neugotischem Stil. Wohnhaus des Naturforschers Alexander von Humboldt. Freibad mit Wärmehalle. Naturpark-Infostelle Bergwerk »Kleiner Johannes«. Volkskundliches Gerätemuseum im Ortsteil Bergnersreuth.
Info: Stadt Arzberg, Friedrich-Ebert-Str. 6, 95659 Arzberg,
Tel. 09233-4040 (www.arzberg.de).

Bad Alexandersbad
Mineral- und Moorheilbad am Osthang der Luisenburg. Ehemaliges Markgräfliches Schloss (1783) mit Trinkbrunnen. Altes Kurhaus von 1838 mit Kurverwaltung, Bibliothek und Festsaal. Haus des Gastes mit Heilwasserbrunnen. Eisenhaltiger Kohlensäuerling »Luisenquelle« im Tal des Wenderner Baches. Dorfmuseum in Kleinwendern.
Info: Kurverwaltung Markgrafenstr. 28, 95680 Bad Alexandersbad, Tel. 09232-9925-20
(www.badalexandersbad.de).

Bad Berneck
Kneippheilbad an der Mündung der Ölschnitz in den Weißen Main, gerne »Perle des Fichtelgebirges« genannt. Ausgangspunkt der Fichtelgebirgsstraße (B303). Historischer Stadtkern mit romantischem Marktplatz. Walpotenburg (12. Jh.) mit Schlossturm, dem Wahrzeichen der Stadt. Burgruine Hohenberneck, im 15. Jh. als Burg

Neu-Wallenrode errichtet. Kurpark mit Kolonnade im Ölschnitztal. Kuranlage Rothersberg mit Dendrologischem Garten.
Info: Kur und Tourismus GmbH, Bahnhofstr. 77, 95460 Bad Berneck, Tel. 09273-574374-75 (www.badberneck.de).

Bischofsgrün

Heilklimatischer Kurort und Wintersportzentrum am Nordfuß des Ochsenkopfes, einer der beliebtesten Ferienorte im Fichtelgebirge. Marktplatz mit Matthäuskirche (1891). Hammerherrenhaus von 1765, heute Restaurant. Kurmittelhaus, Höhenklinik, Wald-Kneippanlage, Naturkurpark mit Terrain-Kurwegen. Am »Ort der Kraft« im Kurpark sollen Kraftlinien des Erdmagnetfeldes viele Beschwerden lindern. Kindermärchenwanderweg. Ochsenkopf-Schwebebahn.
Info: Kur- und Tourist-Information, Jägerstr. 9, 95493 Bischofsgrün, Tel. 09276-1292
(www.bischofsgruen.de).

Fichtelberg

Staatlich anerkannter Luftkurort am Südosthang des Ochsenkopfes. Wintersportort und Langlaufzentrum. Pfarrkirche Mariä Geburt von 1711, auch Bergamtskirche genannt. Mariensäule von 1680. Kristall-, Kur- und Freizeitbad mit großer Saunawelt. 10 ha großer Fichtelsee mit Naturschutzgebiet Seelohe. Automobilmuseum. Besucherbergwerk Gleißinger Fels. Dorfmuseum im Ortsteil Neubau. Ochsenkopf-Schwebebahn.
Info: Gästeinformation, Gablonzer Straße 11, 95686 Fichtelberg, Tel. 09272-97032 (www.fichtelberg.de).

Goldkronach

Ehemalige Goldbergwerksstadt am Westrand des Fichtelgebirges. Ehemaliges Schloss von 1559. Landgasthof »Alexander von Humboldt« in dem der Naturforscher als preußischer Oberbergmeister Ende des 18. Jahrhunderts wohnte. Führungen auf dem Humboldtweg. Besucherstollen »Schmutzlerzeche«. Besucherbergwerk »Mittlerer Name Gottes«. Goldbergbaumuseum. Goldwaschanweisung am Badesee für Gruppen gegen Voranmeldung. Das Heimatmuseum in Goldkronach, Marktplatz 16 zeigt wichtigste Gesteine und Kopien alter Grubenrisse.
Info: Touristinformation im Rathaus, Marktplatz 2, 95497 Goldkronach, Tel. 09273-984-0
(www.goldkronach.de).

Hohenberg an der Eger

Porzellanstadt am Ostrand des Fichtelgebirges an der Grenze zu Böhmen, wo die Eger Bayern verlässt. Burganlage (12./13. Jh.), heute Landeswarte der Sudetendeutschen mit Schullandheim und Jugendherberge. Carolinenquelle, ein heilkräftiger Sauerbrunnen am Fuß der Burg. Deutsches Porzellanmuseum. Kolonie von Störchen an künstlich angelegten Teichen. Zur Gemeinde gehört auch Neuhaus a.d. Eger.

HAUPTAUSGANGSORTE VON A-Z

Burg Hohenberg.

Info: Verwaltungsgemeinschaft Schirnding, Hauptstr. 5, 95706 Schirnding, Tel. 09233-7711-0 (www.stadt-hohenberg.de).

Kirchenlamitz

Ferienort in einer weiten Talsenke der Lamitz zwischen dem Eprechtstein und dem Großen Kornberg. Stadtpfarrkirche St. Michael mit 53 m hohem Turm. Burgruine Epprechtstein (13. Jh.). Aussichtsturm Schönburgwarte auf dem Großen Kornberg. Kartoffel-Erlebnis-Pfad und Steinbruchwanderweg. Größtes Natursteinwerk Deutschlands.
Info: Stadtverwaltung, Marktplatz 3, 95158 Kirchenlamitz, Tel. 09285-9590 (www.kirchenlamitz.de).

Marktredwitz

Bedeutende Industriestadt zwischen Fichtelgebirge und Steinwald. Historische Altstadt mit Rathaus von 1384. St. Bartholomäus-Kirche (14.-16. Jh.) mit spätgotischem Sakramentshäuschen und spätgotischen Deckenmalereien. Theresien-Kirche, 1777 von Kaiserin Maria Theresia gestiftet. Klassizistisches Fikentscher Haus, 1822 Quartier des Dichters Goethe, heute Neues Rathaus. Egerland-Museum im Egerland-Kulturhaus. Schloss Brand. Ehemaliger Schlossturm (13. Jh.). Likörfabrik mit Schnapsmuseum.
Info: Tourist-Information, Markt 29, 95615 Marktredwitz, Tel. 09231-501128 (www.tourismus.marktredwitz.de)

Selb

Industriestadt und Sitz weltbekannter Porzellanfirmen am Westrand des Fichtelgebirges. Stadtgeschichte als Porzellanwandbild am Welzelhaus neben der evangelischen Stadtkirche. Nahebei die größte Kaffeekanne der Welt aus Porzellan. Fußgängerzone mit Porzellanbrunnen. Porzellanglockenspiel am Rathaus. Von Friedensreich Hundertwasser, Marcello Morandini und Otto Piene gestaltete Rosenthal-Fabrikfassaden. Von Gropius erbaute Rosenthal-Fabrik. Europäisches IndustrieMuseum für Porzellan. Porzellanrundwanderweg durch die Stadt. Schausteinbruch »Häuselloh«.

HAUPTAUSGANGSORTE VON A-Z

Info: Tourist-Informtion, Ludwigstraße 6, 95100 Selb,
Tel. 09287-883-118 (www.selb.de)

Tröstau
Staatlich anerkannter Erholungsort im oberen Röslautal. Zur Gemeinde gehören die Orte Fahrenbach, Leupoldsdorf, Seehaus, Silberhaus, Vierst, Vordorf und Vordorfermühle.
Info: Gemeinde Tröstau, Hauptstraße 6, 95709 Tröstau, Tel. 09232-992161 (www.troestau.de).

Warmensteinach
Luftkurort und Wintersportzentrum im oberen Steinachtal. Evangelische Pfarrkirche von 1705 am Dürrberg. Katholische Pfarrkirche St. Laurentius von 1757 im Ortsteil Oberwarmensteinach. Seilschwebebahn von Oberwarmensteinach-Fleckl auf den Ochsenkopf. Waldmoorbad Fleckl. Freilandmuseum im Ortsteil Grassemann.
Info: Verkehrsamt im Freizeithaus, 95485 Warmensteinach,
Tel. 09277-1401
(www.warmensteinach.de).

Weißenstadt
Luftkurort und Wintersportplatz an der oberen Eger. Evangelische Stadtpfarrkiche St. Jakob, Wahrzeichen der Stadt. Historische Keller und Scheunenstraßen. Fünfzig Hektar großer Weißenstädter See mit Wassersportmöglichkeiten. Dauerausstellung »Wasser – Quelle des Lebens« in der Naturpark-Infostelle im Kurpark.
Info: Tourist-Information, Kirchplatz 5, 95163 Weißenstadt,
Tel. 09253-95030
(www.weißenstadt.de).

Im Kurpark Weißenstadt.

AUSFLUGSZIELE UND SEHENSWÜRDIGKEITEN

Wunsiedel

Mittelpunkt und Hauptort des Fichtelgebirges. Sitz des Europäischen Fortbildungszentrums für das Steinmetz- und Bildhauerhandwerk. Geburtsort des Dichters Jean Paul (1763-1825) und des Burschenschaftlers Karl Ludwig Sand (1795-1820). Klassizistisches Stadtbild mit 32 Brunnenanlagen. Viele sehenswerte Bauwerke, darunter das Rathaus (1837), das Koppetentor (1470), und das »Sigmund-Wann-Stift« von 1429, heute Fichtelgebirgsmuseum mit Mineraliensammlung. Naturparkanlage Katharinenberg mit weithin sichtbarer Kirchenruine, Falknerei und Wildgehege.
Info: Tourist-Information, Jean-Paul-Straße 5, 95632 Wunsiedel, Tel. 09232-602162
(www.wunsiedel.de).

> Das **Sechsämterland,** wie man die Region um Wunsiedel gerne nennt, entstand durch den Expansionsdrang der Burggrafen von Nürnberg und späteren Markgrafen von Brandenburg-Bayreuth. Nachdem sie im ausgehenden Mittelalter das damals zu Egerland gehörende Fichtelgebirge an sich gebracht hatten, setzten sie in Wunsiedel, Hohenberg, Weissenstadt, Kirchenlamitz, Selb und Thierstein eigene Verwalter für diese sechs Ämter ein. So kam das Gebiet zu seinem Namen. Das alte Sechsämterland deckt sich weitgehend mit dem heutigen Landkreis Wunsiedel.

Ausflugsziele und Sehenswürdigkeiten

Oberfränkisches Bauernhofmuseum

Das Museum geht auf einen Weiler von ehemals sieben Bauernhöfen zurück. Zwei dieser Höfe wurden restauriert und 1983 als Museum zugänglich gemacht. Der Untere Hof (1789-1791), ein typischer Vierseithof des Fichtelgebirges, zeigt den Zustand des 19. Jhds. Der Obere Hof beherbergt eine Wirtsstube mit Biergarten. In Scheune und Stall werden in wechselnden Ausstellungen Themen des bäuerlichen Arbeitens und Wohnens vorgestellt. 1988 wurde ein Tagelöhnerhaus von 1785 aus Saalenstein bei Köditz auf das Gelände versetzt. 1990 kam ein Flachsbrechhaus von 1860) aus Wurlitz hinzu. Öffnungszeiten: Mai-Sept. Di.-Fr. 10.00-16.00; an Wochenenden und Feiertagen 10.00 bis 17.00 Uhr. Feb.-April und Okt.-15. Nov. 13.00-16.00. Montag Ruhetag.
Info: Oberfränkisches Bauernhofmuseum, 95239 Kleinlosnitz,
Tel. 09251-3525

Freilandmuseum Grassemann

Das Museum zeigt den Wohn- und Lebensalltag auf einem kleinen eingeschossigen Einfirsthof von 1678/1760. Wohnung, Stall und Scheune befinden sich unter einem Dach. Diese Bauweise war bis ins 19. Jh. im Fichtelgebirge vorherrschend. Eine Dauerausstellung thematisiert den Wandel der Bedeutung des Waldes für den Menschen. Sonderausstellungen und geführte Wanderungen. Museumsfeste und Aktionstage

AUSFLUGSZIELE UND SEHENSWÜRDIGKEITEN

Nachbau eines frühzeitlichen Röstofens.

für Kinder. Lehrpfad zur historischen Entwicklung der Kulturlandschaft. und Naturpark-Infostelle. Öffnungszeiten: Mai-Okt. Mi.-So. 11.00-16.00; Jan.-April Sa. u. So. 14.00-16.00
Info: Haus Nr. 3, 95485 Grassemann, Tel. 09277-6105 (www.warmensteinach.de/grassemann).

Deutsches Porzellanmuseum
Das Deutsche Porzellanmuseum zeigt auf ungefähr 2.000 qm die Geschichte des Porzellans im deutschsprachigen Raum und Sonderausstellungen zu zeitgenössischen und historischen Themen. Produzenten präsentieren im halbjährlichen Wechsel die Innovationen aus deutscher Fertigung. Porzellanmalkurse. Eine ausgelagerte Abteilung ist das Europäische IndustrieMuseum für Porzellan in Selb-Plößberg. Es gibt Einblick in die Porzellanherstellung. Öffnungszeiten beider Museen: Di-So 10.00-17.00 Uhr, Mo geschlossen.
Info: Deutsches Porzellanmuseum, Freundschaft 2, 95691 Hohenberg, Tel. 09233-77220

(www.dt-porzellanmuseum.de). Europäisches IndustrieMuseum für Porzellan, Werner-Schürer-Platz 1, 95100 Selb-Plößberg. Tel. 09287-918000 (www.eimpk.de).

Goldbergbaumuseum Goldkronach
Das Museum im 1740 erbauten ehemaligen Forstamtsgebäude der Stadt stellt auf zwei Etagen die Geschichte Goldkronachs und die Entwicklung des Goldbergbaus dar. In sieben Räumen werden in Geologie, Goldabbau und Goldverarbeitung eingeführt. Außerdem erfährt man einiges über die Arbeit der Bergleute, über Alexander v. Humboldts Aufenthalt in Goldkronach, über Alchemie und über die Herstellung von Blattgold. Öffnungszeiten: Sonn- und Feiertags 13.00-17.00 Uhr.
Info: Bayreuther Straße 21, 95497 Goldkronach, Tel. 09273-502026 (www.goldbergbaumuseum.de).

Fichtelgebirgsmuseum
Das Museum befindet sich in den Räumlichkeiten eines klosterähnlichen Spitals des 15. Jhds. und in zwei angrenzenden Handwerkerhäusern des 18. Jhds. Es widmet sich unter anderem der Geschichte des Gebäudekomplexes, der Regionalgeschichte, dem Bergbau und dem Thema »Kinderwelten-Spielwelten«. Im Bereich Kultur-

AUSFLUGSZIELE UND SEHENSWÜRDIGKEITEN

geschichte sind Inszenierungen vom Leben und Arbeiten zu finden, darunter ein Zuckerbäckerladen und eine Schuhmacherwerkstatt. Das Museum zeigt aber auch zeitgenössische Kunst, wechselnde Sonderausstellungen, Handwerksvorführungen und eine bedeutende Mineraliensammlung. Ein Café lädt zum Verweilen ein.
Öffnungszeiten: Di-So 10-17 Uhr.
Info: Fichtelgebirgsmuseum, Spitalhof, 95632 Wunsiedel,
Tel. 09232-2032
(www. fichtelgebirgsmuseum.de)

Besucherbergwerk Gleißinger Fels

Das einzige öffentlich zugängliches Silbereisenbergwerk der Welt und ältestes Bergwerk Nordbayerns zeigt den mittelalterlichen Teil eines weit verzweigten Stollensystems. Es wurde 500 Jahre lang bis 1939 betrieben. Den Besuchern wird ein Einblick in die Geschichte des Bergbaus und der Erzgewinnung gewährt. Es finden Führungen durch einfach begehbare Stollen mit Helm, echter Grubenlampe und originalgetreuen Grubenkitteln statt. Öffnungszeiten: April-Okt. und in den Winter- und Faschingsferien tägl. 10.00-17.00.
Info: An der Panoramastraße, 95686 Fichtelberg,
Tel. 09272-848
(www. bergwerk-fichtelberg. de)

Luisenburg

Die Luisenburg ist ein in Europa einmaliges Labyrinth von Granitfelsen mit Schluchten, Höhlen und Grotten am Fuß der Kösseine nahe bei Wunsiedel. Es ist 700 m lang und 300 m breit. Ein eintrittspflichtiger Rundgang dauert 1-2 Stunden und ist auch für Kinder geeignet. Bergauf führen die blauen, bergab die roten Pfeile. Goethe beschrieb das Labyrinth mit den Worten: »...die ungeheure Größe der ohne Ordnung, Spur und Richtung übereinander gestürzten Granitmassen gibt einen Anblick, dessengleichen mir auf allen meinen Wegen niemals wieder vorgekommen ist.«

Den Namen »Luisenburg« erhielt das Naturwunder gelegentlich eines Besuchs der preußischen Königin Luise im Jahre 1805, die mit ihrem Gemahl, König Friedrich Wilhelm III. zur Kur in Alexandersbad weilte. Der volksnahen Herrscherin zu Ehren wurde dem Labyrinth ihr Name verliehen.

Mit der Erschließung wurde bereits 1790 durch das Anlegen von

Kollergang, ein Mahlwerk für die Porzellanherstellung.

AUSFLUGSZIELE UND SEHENSWÜRDIGKEITEN

Wegen begonnen. Ab 1820 gehörte die Luisenburg zu den frühtouristischen Attraktionen im Fichtelgebirge. Am Fuß der Luisenburg liegt die älteste und wohl auch schönste Naturbühne Deutschlands, in der seit 1890 alljährlich im Sommer die weltberühmten Luisenburg-Festspiele stattfinden.
Info: Tourist-Information, Jean-Paul-Straße 5, 95632 Wunsiedel, Tel. 09232-602162
(www.wunsiedel.de)

Volkskundliches Gerätemuseum

Das Museum zeigt einen Bauernhof aus der ersten Hälfte des 20. Jhds. Originale Einrichtung und eindrucksvolle Schablonenmalerei versetzen in die 1920er Jahre. Dokumentationsräume erläutern die Hof-, Wirtschafts- und Familiengeschichte der einstigen Bewohner. Die Scheune beherbergt die Geräteabteilung mit rund. 18 000 Objekten zu Landwirtschaft, Handwerk und Transportwesen. Öffnungszeiten: April-Okt. Di.-So. 10.00-17.00.
Info: Wunsiedler Str. 12/14, 95659 Bergnersreuth, Tel. 09233-5225
(www.bergnersreuth.de)

Waldhaus Mehlmeisel

Das Waldinformationszentrum mit Spiegelprojekt im tschechischen Bozi Dar ist einerseits ein Museum, das sammelt, bewahrt, erforscht und ausstellt, andererseits ein Lernort, das zum Umdenken und Verändern animiert und die Einstellung zum Wald und der Natur verbessern will. Es informiert über die Nutzungsgeschichte des Fichtelgebirges, über Tiere und Pflanzen, Geologie, Holzkunst und Goethes Studien im Fichtelgebirge. Waldpark zum Riechen, Fühlen, Hören und Sehen. Waldtierfreigehege. Öffnungszeiten: 01.04-01.11 von 10.00-17.00 Uhr; 02.11-31.03 Sa/So/Feiertag 10.00-16.00. Mo geschlossen.
Info: Waldhaus Mehlmeisel, Waldhausstraße 100, 95694 Mehlmeisel, Tel. 09272-909812
(www.waldhaus-mehlmeisel.de)

Waldsassen-Basilika und Klosterbibliothek

Direkt dem böhmischen Eger gegenüber liegt die Stadt Waldsassen. Das Ortsbild wird von der barocken Stiftsbasilika geprägt. Sie birgt Deutschlands größte Kirchen- und Klostergruft und eine beeindruckende Orgelanlage. Der

Auskunft
Tourist Info Fichtelgebirge,
Gablonzer Str. 11, 95686 Fichtelberg,
Tel. 09272 - 96 90 3-0,
Fax: 09272 - 96 90 3-66,
Mail: tourist.info.fichtelgebirge@t-online.de
Internet: www.t-fichtelgebirge.de

Fichtelgebirgsverein e.V.,
Hauptgeschäftsstelle, Theresienstraße 2,
95632 Wunsiedel,
Tel. 09232-700755, Fax:-700982,
Mail: info@fichtelgebirgsverein.de
Internet: www.fichtelgebirgsverein.de

Naturpark Fichtelgebirge e.V.,
Geschäftsstelle, Jean-Paul-Str. 9,
95632 Wunsiedel, Tel. 09232-80-424, Fax: 09232-809-423
Internet: www.naturpark-fichtelgebirge.org

TIPPS UND HINWEISE

Der Goethefelsen in der Luisenburg.

Bibliothekssaal ist eine Kostbarkeit der Schnitzkunst. Ebenfalls sehenswert ist der Naturerlebnisgarten der Abtei (Außenstelle der LGA 2006), das Stiftlandmuseum mit über 50 Abteilungen und die Dreifaltigkeitskirche Kappel, ein bedeutender Rundbau des Barock auf dem vier Kilometer entfernten Glasberg.

Info: Tourist-Info, Johannisplatz 11, 95652 Waldsassen, Tel. 09632-88160 (www.waldsassen.info).

Tipps und Hinweise

Farbige Tourennummern weisen auf unterschiedliche Anforderungen hin. Es ist eine subjektive Einteilung, bei der die vorgestellten Wanderungen untereinander verglichen werden.

▼ **Blau** markierte Touren folgen in der Regel gut erhaltenen und ausreichend markierten Wanderwegen, Fahr- und Forstwegen. Diese Wandervorschläge können bei guten Witterungsverhältnissen von jedermann begangen werden.

▼ **Rot** markierte Touren sind hinsichtlich ihrer Länge, Wegbeschaffenheit und Höhendifferenz etwas anspruchsvoller und setzen entsprechend Ausdauer, festes Schuhwerk und in manchen Fällen Trittsicherheit voraus.

▼ **Schwarz** markierte Touren setzten hinsichtlich ihrer Längen, Steigungen und Wegbeschaffenheit Ausdauer, Trittsicherheit und Orientierungssinn voraus.

Die angegebenen **Gehzeiten** sind Richtwerte und beziehen auf die reine Wanderzeit ohne Brotzeiten und eingehende Besichtigungen. Fast alle beschriebenen Strecken verlaufen auf markierten Wegen. Im Text angegebene **Markierungen** gelten solange, bis sie von einer neuen Angabe abgelöst werden.

Das **Höhendiagramm** gibt einen ersten Eindruck von der Geländestruktur. Kleinräumige Anstiege und Gegenanstiege können nicht abgebildet werden.

Es wurden nur **Öffnungszeiten** von Ausflugsgaststätten außerhalb geschlossener Ortschaften angegeben. Wer zwingend einkehren will, sollte sich vorher dennoch nach den Ruhetagen erkundigen. Sie können sich schnell ändern.

FICHTELGEBIRGE

Wunsiedel – Luisenburg – Bad Alexandersbad

Auf dem Königin-Luise-Weg

Ausgangspunkt: Burgermühlweiherplatz (Festplatz) in Wunsiedel.
Bus/Bahn: Busverbindung.
Gehzeiten: 2½ Stunden.
Charakter: Auf überwiegend ebenen Wegen durch Stadt, Wald und offene Flur. Herrliche Fernblicke.
Einkehr: Bad Alexandersbad.
Karte: Kompass Nr. 191.

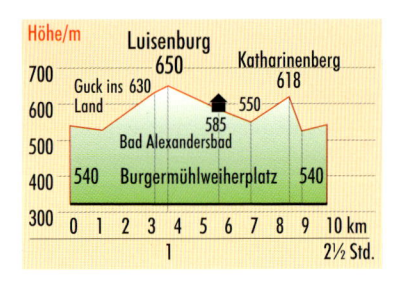

Der Königin-Luise-Weg, ein Themenwanderweg mit aufwändig gestalteten Infotafeln, erinnert an das preußische Königspaar Friedrich Wilhelm III. und Luise. Im Juni 1805 besuchten sie das Fichtelgebirge und wohnten im Markgräflichen Schloss in Bad Alexandersbad. Ihr Besuch war Anlass das Felsenlabyrinth Luisenburg begehbar zu machen und der Königin zu widmen. Will man die Luisenburg besichtigen, sollte man zusätzliche 1½ Stunden einplanen.

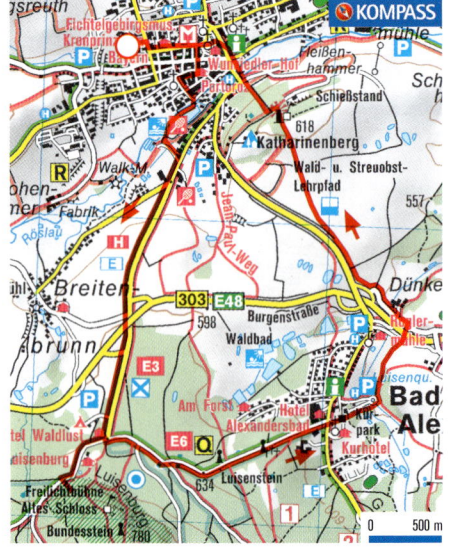

Vom **Burgermühlweiherplatz** in **Wunsiedel** entlang der Hofer Straße, die in die Maximilianstraße übergeht in den Ort. Auf der gesamten Strecke leitet nun ein kleines Bildnis der Königin Luise. Beim Marktplatz rechts und am Rathaus vorbei. Die Ludwigstraße querend auf die Theresienstraße. Rechts auf die Burggraf-Friedrich-Straße. Links

FICHTELGEBIRGE

Am Königin-Luise-Weg.

auf die Alte Landgerichtsstraße. Geradeaus zum **Eisweiher** und dem historischen Waschplatz »Wäschflei«. Rechts ab und an der **Röslau** entlang. Über eine Brücke zum Spielplatz, links zur Straße, rechts auf den Gehweg und bergan. Am **Obsthain,** einer neu angelegten Streuobstwiese, entlang. Die B 303 unterqueren und am Rastplatz **Guck ins Land** vorbei zum **Berggasthof Waldlust** hinauf.

Entweder geradeaus zur **Freilichtbühne** und zum **Felslabyrinth** oder gleich links auf die Forststraße, zum kleinen Wasserwerk und links bergab. Durch die Schlossallee mit dem Obelisk zur Erinnerung an den Besuch des preußischen Königspaares nach **Bad Alexandersbad.**

Über die Schlossterrassen zum **Markgräflichen Schloss** und weiter in bisheriger Richtung durch den Kurpark zum Monopteros über der **Luisenquelle,** ein Eisensäuerling. Hier links. Am Waldrand entlang und geradeaus weiter zum Teerweg vor der B 303). Hier links. Durch gleich folgende Unterführung, links und am Dachdeckereinkauf vorbei. Der Wanderweg führt erst an der Straße entlang, zieht dann nach rechts und durch die Flur zur Kirchenruine auf dem **Katharinenberg** hinauf. Links an der Ruine vorbei auf einen steil talwärts führenden Weg und nach **Wunsiedel** hinab.

Über die Röslaubrücke und am Ludwig-Hacker-Platz vorbei. Vor der Fichtelgebirgshalle links auf einen Gehweg (Friesnergässchen). Links an der Stadtkirche St. Veit vorbei, über den Jean-Paul-Platz und weiter geradeaus. Zum Marktplatz und auf bekanntem Weg zum **Burgermühlweiherplatz** zurück.

> Die **Kirchenburg St. Katharina** auf dem Katharinenberg ist Wunsiedels ältestes Baudenkmal. Die frühere Bergkapelle barg einst ein Gnadenbild der heiligen Katharina und war Ziel vieler Wallfahrer. Nach Abwehr des böhmischen Heeres, das 1462 vom Katharinenberg die Stadt belagerte, wurde die Kapelle vergrößert und der noch erhaltene Turm angefügt.

FICHTELGEBIRGE

2

Luisenburg – Haberstein – Kösseine

Durchs Felslabyrinth auf den Ziegenberg

Ausgangspunkt: Parkplatz Luisenburg
Bus/Bahn: Busverbindung.
Gehzeiten: 3½ Stunden.
Charakter: Waldwanderung auf teils steinigen Pfaden mit kräftigen Steigungen, engen Felspassagen und herrlichen Panoramablicken.
Einkehr: Kösseinehaus (Mo Ruhetag)
Karte: Kompass Nr. 191.

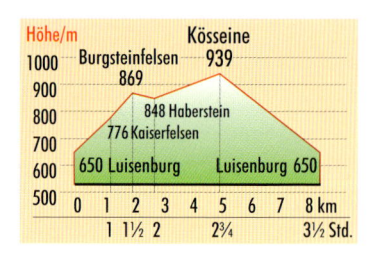

Das Felslabyrinth Luisenburg ist die bekannteste Attraktion im Fichtelgebirge. Beim Durchsteigen der kreuz und quer liegenden Granitfelsen können Rucksack und Stöcke sehr hinderlich sein. Jenseits des Bundessteines wird der Weg erst einmal leichter. Herrliche Fernblicke schenken Kaiserfelsen, Burgsteinfelsen und erst recht der Haberstein mit dem größten Granittrümmerfeld in der Region, bevor eine letzte Anstrengung auf den Kösseinegipfel führt.

Vom **Parkplatz Luisenburg** zum Kassenhäuschen und in die eintrittspflichtige **Luisenburg.** Blaue Pfeile leiten durch das Felslabyrinth zum Rastplatz beim **Bundesstein** hinauf. Hier verlassen wir die Luisenburg und folgen dem Wegweiser und dem blauen Punkt auf einen Pfad. Er verbreitert sich zu einem Schotterweg. Nun links bergan und gleich wieder links. Am **Kaiserfelsen** vorbei

Blick von der Luisenburg.

auf einen befestigten Pfad. Eine geschotterte Forststraße querend auf einen Felsenpfad und bergan. Nun leitet das weiß-blaue Rechteck. Am **Burgsteinfelsen** vorbei. Talwärts, gleich folgenden Abzweig rechts und weiter bergab. Nun leiten senkrechte weiß-blaue Balken. Zur Forststraße hinab und links. Geradeaus auf einen Pfad. Den Höhenweg kreuzend zum nahen **Haberstein.**

Den Herweg zurück und rechts auf den Höhenweg, hier ein steiniger Pfad. Bis auf die Kösseine leitet nun das weiße H auf rotem Grund. Am **Kleinen Haberstein** vorbei und zu einem Querweg hinab. Hier rechts und weiter bergab. Eine Forststraße queren und bergan auf felsigem Weg. Geradeaus über die Kreuzung, wo es rechts nach Tröstau geht. Zu einem Querpfad mit Gabelwegweiser, links und steil auf die **Kösseine** hinauf.

Auf dem Herweg zurück zur bekannten Kreuzung und Richtung Tröstau (weiß-blau geteiltes Rechteck). Steil zu einer Forststraße hinab und rechts. Nun leitet das weiße Q auf gelbem Grund. An einer Hütte vorbei zur **Luisenburg** zurück.

> Die **Kösseine** besteht aus einem Doppelgipfel. Ihr Name ist angeblich slawischen Ursprungs und soll Ziegenberg bedeuten Die Große Kösseine (939m) beeindruckt allein schon durch ihr mächtiges Granitblockfeld. Den höchsten Punkt krönt ein steinerner Aussichtsturm. Unterhalb steht ein bewirtschaftetes Unterkunftshaus des Fichtelgebirgsvereins. Östlich erhebt sich die Kleine Kösseine (922m). Sie ist bewaldet und bietet keine nennenswerte Aussicht. Über die Kösseine hinweg verläuft die Wasserscheide zwischen Nordsee und Schwarzem Meer.

FICHTELGEBIRGE

3

Wunsiedel – Vierst – Hildenbach – Göringsreuth

Durch das Zeitelmoos

Ausgangspunkt: Burgermühlweiherplatz (Festplatz) in Wunsiedel.
Bus/Bahn: Busverbindung.
Gehzeiten: 4¾ Stunden.
Charakter: Auf überwiegend ebenen Wegen durch Wald und offene Flur.
Einkehr: Wunsiedel, Göringsreuth.
Karte: Kompass Nr. 191.

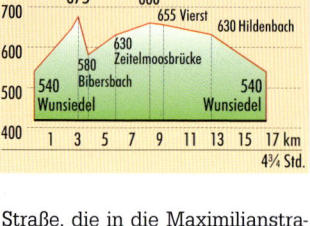

Diese erholsame Wanderung führt eine weite Strecke durch das bewaldete Zeitelmoos, der Rückweg durch weitgehend offene Flur. Im Zeitelmoos, das seinen Namen von der Zeitelweide, der Bienenzucht hat, sind zwischen trockenen Hochflächen viele Torfmoore erhalten geblieben. Sie muten verschwiegen und geheimnisvoll an. Vom **Burgermühlweiherplatz in Wunsiedel** entlang der Hofer Straße, die in die Maximilianstraße übergeht in den Ort. Wir folgen nun dem Königin-Luise-Weg. Er ist mit einem kleinen Bildnis der Königin markiert. Am Marktplatz vorbei und über den Jean-Paul-Platz. An der Stadtkirche St. Veit vorbei und durchs Friesnergässchen zur Durchfahrtsstraße. Hier links. Bis Bibersbach leitet nun das weiß-blaue Rechteck. Geradeaus haltend auf die Bibersba-

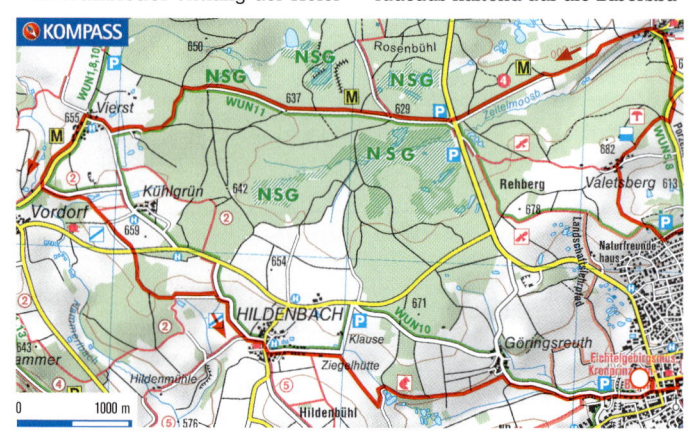

FICHTELGEBIRGE

Das Jean-Paul-Denkmal in Wunsiedel.

cher Straße und zum alten Meilenstein am Ortsende. Links auf die Markus-Zahn-Allee. Nach etwa 200 m rechts, durch die Flur nach **Valetsberg** hinauf und nach **Bibersbach** hinab. Den Zeitelmoosbach querend in den Ort und links. Auf einen bequemen Forstweg und dann geradeaus (schwarzes M auf gelbem Grund). Bei der Bushaltestelle **Zeitelmoosbrücke** die Straße nach Wunsiedel queren, über den Wanderparkplatz hinweg und auf dem Eisensteinweg – auf ihr wurde einst Eisenerz nach Weißenstadt transportiert – ca. 2,5 km geradeaus durchs bewaldete **Zeitelmoos.** Dann knickt der Wanderweg links ab und trifft auf eine Forststraße. Nun rechts weiter nach **Vierst.**

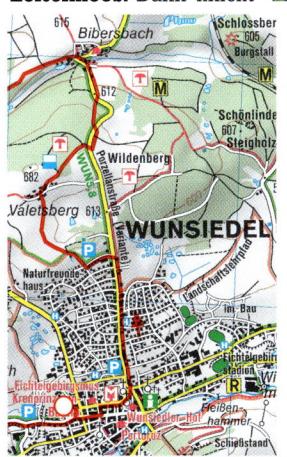

Entlang der Straße ca. 500 m Richtung Vordorf, dann links in den Wald (blauer Schrägstrich). Nun rechts halten und durch die offene Flur. Die Straße nach Hildenbach queren und durch Wald und offene Flur nach **Hildenbach.**

Am Dorfweiher vorbei, links und ansteigend aus dem Ort. Bei der Ziegelhütte rechts in Richtung **Göringsreuth.** Beim Trafohäuschen vor dem Ort rechts. Auf der Ludwigstraße nach **Wunsiedel** hinein. Links auf die Feldstraße und wieder zum Ausgangspunkt zurück.

FICHTELGEBIRGE

▼ **4**

Wunsiedel – Luisenburg – Bad Alexandersbad – Wintersreuth

Mächtige Felsen und lauschige Täler

Ausgangspunkt: Burgermühlweiherplatz (Festplatz) in Wunsiedel.
Bus/Bahn: Busverbindung.
Gehzeiten: 3¼ Stunden.
Charakter: Auf überwiegend ebenen Spazierwegen durch Wald und offene Flur. Öffentliche Nebenstraße ab Juliushammer.
Einkehr: Bad Alexandersbad, Landhotel Juliushammer.
Karte: Kompass Nr. 191.

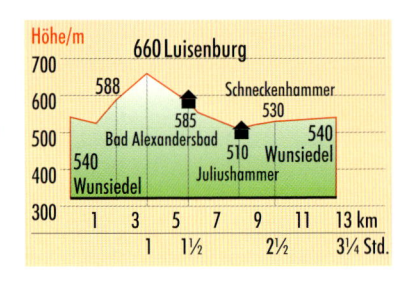

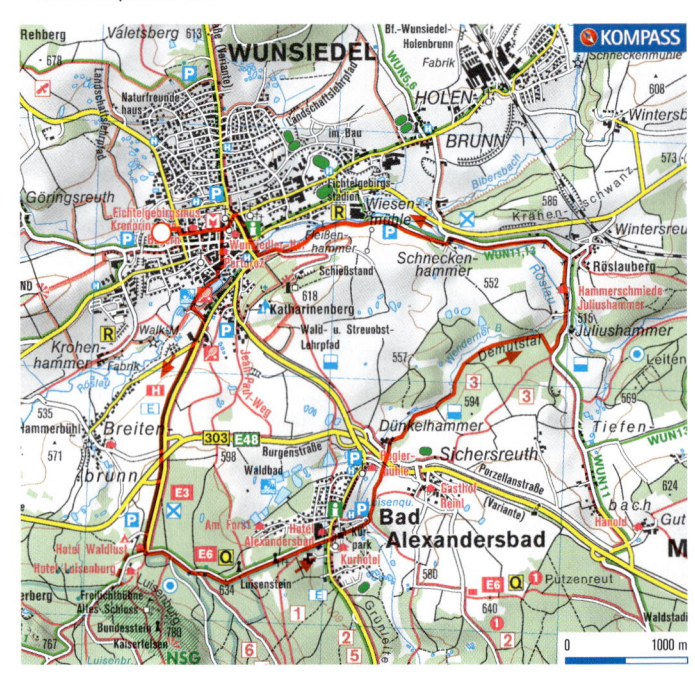

FICHTELGEBIRGE

Die Kirchenruine auf dem Katharinenberg.

Wir folgen dem Königin-Luise-Weg über das weltbekannte Felsenlabyrinth Luisenburg nach Bad Alexandersbad, wo uns lauschige Kuranlagen erwarten. Der beschauliche Rückweg führt durchs Demuts- und Röslautal. Will man die Luisenburg besichtigen, sollte man zusätzliche 1½ Stunden einplanen.
Vom **Burgermühlweiherplatz in Wunsiedel** entlang der Hofer Straße, die in die Maximilianstraße übergeht nach Wunsiedel hinein. Bis Bad Alexandersbad leitet nun ein kleines Bildnis der Königin Luise. Beim Marktplatz rechts und am Rathaus vorbei. Die Ludwigstraße querend auf die Theresienstraße. Rechts auf die Burggraf-Friedrich-Straße. Links auf die Alte Landgerichtsstraße.
Geradeaus zum **Eisweiher,** rechts ab und an der Röslau entlang. Über eine Brücke zum Spielplatz, links zur Straße, rechts auf den Gehweg und bergan. Am **Obsthain,** einer neu angelegten Streuobstwiese, entlang. Die B 303 unterqueren und am Rastplatz **Guck ins Land** vorbei zum **Berggasthof Waldlust** hinauf.
Entweder geradeaus zur **Freilichtbühne** und zum **Felslabyrinth** oder gleich links auf die Forststraße, zum kleinen Wasserwerk und links bergab. Durch die Schlossallee mit dem Obelisk zur Erinnerung an den Besuch des preußischen Königspaares nach **Bad Alexandersbad.**
Über die Schlossterrassen zum **Markgräflichen Schloss** und weiter in bisheriger Richtung durch den Kurpark zum Monopteros über der **Luisenquelle,** ein Eisensäuerling. Hier links. Am Waldrand ent-

FICHTELGEBIRGE

Im Röslautal.

lang und geradeaus weiter zum Asphaltweg vor der Fichtelgebirgsstraße (B 303). Hier links. Durch gleich folgende Unterführung und links (Weg Nr. 3). Sofort wieder rechts, wenige Schritte auf das Be-

Im Röslautal bei Schneckenhammer.

FICHTELGEBIRGE

triebsgelände des Dachdeckereinkaufs, dann rechts auf einen Pfad und in den Wald. Zum Querweg hinauf und links. Folgende Gabelung links. Der Weg verengt sich zu einem Pfad und führt oberhalb des **Wenderner Baches** durch das **Demutstal.**

Schließlich entfernt sich der Weg immer weiter vom Bach und zieht nach rechts zur Straße. Links und an der Straße entlang (unmarkiert). Am **Juliushammer** vorbei und über die **Röslau.** Am **Landhotel Juliushammer** vorbei und am Ortsrand von **Wintersreuth** entlang. Weiter entlang der Straße, nun mit einem schwarzen R auf gelbem Grund. Beim Bauernhof **Schneckenhammer** über die Röslaubrücke und folgenden Querweg rechts. Mit Asphalt unter den Füßen durch die Flur und an einer Häuserzeile entlang. Achtung! Vor der Brücke bei der Wiesenmühle links auf einen Pfad und der Röslau nach **Wunsiedel** folgen. Rechts auf die Vorfahrtsstraße und über die Röslaubrücke. Nun leitet wieder das Bildnis der Königin Luise. Am Ludwig-Hacker-Platz vorbei. Vor der Fichtelgebirgshalle links auf einen Gehweg (Friesnergässchen). Links an der Stadtkirche St. Veit vorbei und über den Jean-Paul-Platz. Weiter geradeaus zum Marktplatz und auf bekanntem Weg zum **Burgermühlweiherplatz** zurück.

Die Kirchenruine auf dem Katharinenberg.

FICHTELGEBIRGE

Bad Alexandersbad – Luisenburg – Haberstein – Kleinwendern
Berühmte Aussichtsfelsen

Ausgangspunkt: Markgräfliches Schloss in Bad Alexandersbad.
Bus/Bahn: Busverbindung.
Gehzeiten: 5 Stunden.
Charakter: Waldwanderung auf breiten Wegen und steinigen Pfaden. Panoramablicke.
Einkehr: Bad Alexandersbad, Kleinwendern.
Karte: Kompass Nr. 191.

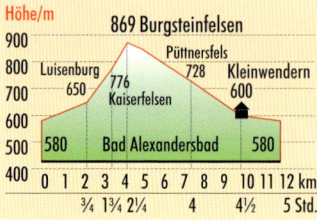

Ein bequemer Spazierweg führt uns von Bad Alexandersbad zum Felslabyrinth Luisenburg. Beim Durchsteigen der kreuz und quer liegenden Granitfelsen können Rucksack und Stöcke sehr hinderlich sein. Wer auf die Besichtigung des Labyrinths verzichten will, kann es auf dem Höhenweg umgehen. Dann ist die Strecke weitaus leichter, aber es werden auch der Kaiser-Wilhelm-Felsen und der Burgsteinfelsen umgangen. Auf eine herrliche Aussicht braucht man dennoch nicht zu verzichten, denn der Haberstein bietet ebenfalls ein prächtiges Panorama. In Kleinwendern lohnt der Besuch des Dorfmuseums.

Vom **Markgräflichen Schloss in Bad Alexandersbad** die Terrassen hinauf. Die Markgrafenstraße querend auf dem Luisenburgweg und in den Wald (schwarzes Q auf gelbem Grund). Am Obelisk zur Erin-

FICHTELGEBIRGE

nerung an den Besuch des Königspaares vorbei zum Querweg beim Wasserwerk und rechts. Geradeaus zur Straße beim **Berggasthof Waldlust,** links auf den Schotterweg und zum Eingang des **Felsenlabyrinths Luisenburg.**
(Wer auf die Durchsteigung der eintrittspflichtigen Luisenburg verzichten will, folgt nun dem H des Höhenweges und erreicht die beschriebene Strecke wieder beim Haberstein.)
Am Kassenhäuschen vorbei. Blaue Pfeilen leiten durch das Felslabyrinth zum Rastplatz beim **Bundesstein** hinauf. Hier verlassen wir die Luisenburg und folgen dem Wegweiser und dem blauen Punkt auf einen Pfad. Er verbreitert sich zu einem Schotterweg. Nun links bergan und gleich wieder links. Am **Kaiser-Wilhelm-Felsen** vorbei auf einen befestigten Pfad. Eine geschotterte Forststraße querend auf einen Felsenpfad und bergan. Nun leitet das weiß-blaue Rechteck.
Am **Burgsteinfelsen** vorbei. Talwärts, gleich folgenden Abzweig rechts und weiter bergab. Nun leiten senkrechte weiß-blaue Balken. Zur Forststraße hinab und links. Geradeaus auf einen Pfad. Den Höhenweg kreuzend zum nahen **Haberstein.**
Den Herweg zurück und rechts auf den Höhenweg (H), hier ein

In der Luisenburg.

steiniger Pfad. Am Kleinen Haberstein vorbei und zu einem Querweg hinab. Hier rechts und weiter bergab zu einer Forststraße. Hier links Richtung Kleinwendern. Folgende Gabelung links. Nun leitet der blaue Querbalken auf weißem Grund. Bergan auf einem allmählich ansteigenden Waldweg. Folgende Gabelung rechts. Nächste Gabelung wieder rechts und auf einem Pfad bergab. Am **Püttnerfelsen** vorbei und steil talwärts. Eine Forststraße queren. Zur Kreuzung mehrerer Forststraßen und geradeaus halten (gelber Ring). Nun der Linkskurve der Forststraße folgen und geradewegs nach **Kleinwendern.**
Bei der Bushaltestelle in der Ortsmitte rechts (Nr. 1, blauer Punkt). Mit Asphalt unter den Füßen aus dem Ort zu einer Kreuzung und links auf einen Kiesweg.
Über den **Wenderner Bach** (Nr. 1). Durch die Flur in den Wald und gleich rechts auf einen Pfad. In den Wiesengrund, erneut über den Bach und wieder in den Wald hinauf. Zum Pflasterweg am Waldrand und links.
Zur Ruhebank in der Senke und links auf den Kiesweg. Zum **Brunnenplatz** von **Bad Alexandersbad** und durch den Kurpark zum **Markgrafenschloss** zurück.

FICHTELGEBIRGE

6

Bad Alexandersbad – Demutstal – Sichersreuth

Am Wenderner Bach

Ausgangspunkt: Haus des Gastes in Bad Alexandersbad.
Bus/Bahn: Busverbindung.
Gehzeiten: 2 Stunden.
Charakter: Leichter Spaziergang durch Wald und offene Flur.
Einkehr: Bad Alexandersbad.
Karte: Kompass Nr. 191.

Nach diesem kleinen Streifzug durch das lauschige Demutstal, bleibt noch reichlich Zeit für eine Erkundung des Kurparks, einen Besuch im Haus des Gastes mit Heilwasserbrunnen und natürlich zum Einkehren.

Vom Haus des Gastes in **Bad Alexandersbad** am **Markgräflichen Schloss** vorbei durch den Kurpark zum Monopteros über der **Luisenquelle,** ein Eisensäuerling. Hier links. Am Waldrand entlang und geradeaus weiter zum Teerweg vor der Fichtelgebirgsstraße (B 303). Hier links. Durch gleich folgende Unterführung und links (Weg Nr. 3). Sofort wieder rechts, wenige Schritte auf das Betriebsgelände des Dachdeckereinkaufs, dann rechts auf einen Pfad und in den Wald. Zum Querweg hinauf und links. Folgende Gabelung links. Der Weg verengt sich zu einem Pfad und führt oberhalb des **Wenderner Baches** durch das **Demutstal.**

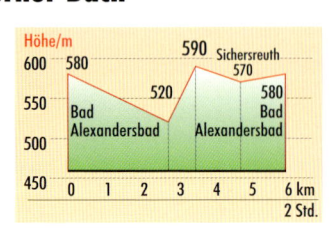

Schließlich entfernt sich der Weg immer weiter vom Bach und zieht nach rechts zur Straße. Hier rechts auf einen breiten Waldweg (Nr. 3).

An der gleich folgenden Drei-

FICHTELGEBIRGE

Die Luisenquelle.

fachgabelung auf den mittleren Weg und geradeaus. Etwa 500 m durch den Wald auf die freie Höhe und links. Nach ca. 100 m rechts, zur B 303 hinab und rechts. Auf folgender Brücke über die Straße nach **Sichersreuth** und rechts nach **Bad Alexandersbad** zurück.

FICHTELGEBIRGE

7

Vordorfermühle – Leupoldsdorferhammer

Auf dem Geologisch-historischen Lehrpfad

Ausgangspunkt: Wanderparkplatz am Waldrand von Vordorfermühle, Ortsteil von Tröstau.
Bus/Bahn: Busverbindung.
Gehzeiten: 2½ Stunden.
Charakter: Waldwanderung auf überwiegend breiten und ebenen Wegen.
Einkehr: Vordorfermühle, Leupoldsdorf.
Karte: Kompass Nr. 191.

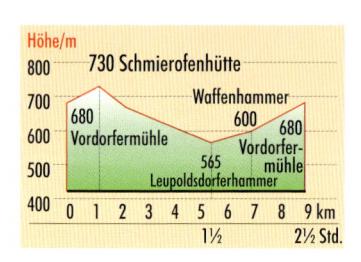

Jahrhundertelang war der Eisen- und Zinnbergbau in der Region um Tröstau von großer Bedeutung. Auf dem Lehrpfad erläutern ausführliche Infotafeln die einstigen Stätten bergbaulicher Nutzung. Das Hammerherrenhaus (17. Jh.) in Leupoldsdorferhammer, heute Schloss-Gasthof, erinnert an die einst vielen Hammerwerke, die mit der Wasserkraft der Röslau betrieben wurden.

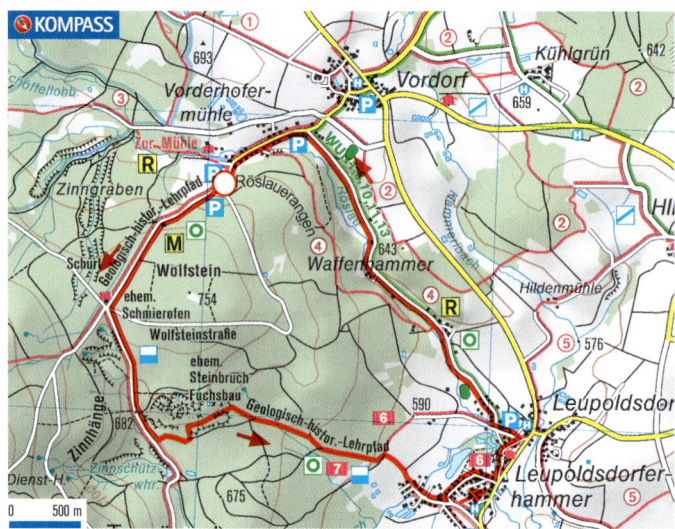

Im Fuchsbausteinbruch.

Vom Wanderparkplatz am Waldrand von **Vordorfermühle** auf breitem Schotterweg bergan in den Wald. Auf der ganzen Strecke leitet nun der grüne Ring. Zur Gabelung beim kleinen Wasserwerk und links. Geradewegs an der Station »Alter Kohlenmeiler« vorbei zur Kreuzung bei der **Schmierofenhütte,** wo einst aus harzhaltigem Holz Wagenschmiere gewonnen wurde. Hier halblinks und an der Station »Altstraße« vorbei (grüner Ring, weiß-blaues Rechtseck). Auf breitem Kiesweg bergab und an der Station »Zinnhänge« vorbei und gleich links ab. Achtung! Nach etwa 300 m links und den Hauptweg verlassen. An der Station »Der Steinbruch als Lebensraum seltener Pflanzen und Tiere« und an den Gebäuderesten der **Fuchsbau-Steinbrüche** vorbei zum Hauptweg zurück. Bergab, an der Station »Fuchsbaustraße« vorbei und gleich links halten. Zum Waldrand hinab und links. Zur Station »Bergbau um Tröstau« und durch die Flur nach **Leupoldsdorferhammer** hinab.

Bei der abzweigenden Gartenstraße links und weiter auf der Seehausstraße. Gleich links auf die Hammerwiesenstraße. Zur Durchfahrtsstraße und links. Sofort links auf den Schlossweg. An der ehemaligen **Hammermühle** vorbei auf die Straße Allee. Links auf den nach rechts ziehenden asphaltierten Waffenhammerweg. Geradewegs in den Wald und an der jungen **Röslau** entlang, die hier am Oberlauf auch Rösla genannt wird. Am ehemaligen **Waffenhammer** vorbei nach **Vordorfermühle** hinauf und links zum Parkplatz zurück.

FICHTELGEBIRGE

Tröstau – Hohe Matze – Kösseine

Auf den Ziegenberg

Ausgangspunkt: Wanderparkplatz an der Kemnather Straße in Tröstau.
Bus/Bahn: Busverbindung.
Gehzeiten: 3 Stunden.
Charakter: Waldwanderung auf steinigen Pfaden und ebenen Wegen. Herrliche Fernblicke.
Einkehr: Kösseinehaus (Mo Ruhetag).
Karte: Kompass Nr. 191.

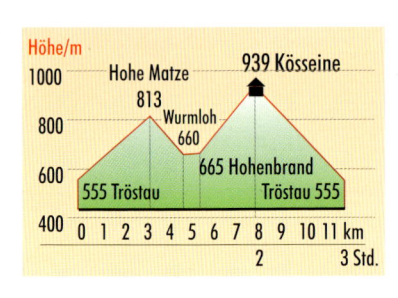

Mit kräftigen Anstiegen wandern wir über die Hohe Matze, den südöstlichen Eckpfeiler der Schneebergkette, auf die Kösseine. Ihr Name soll slawischen Ursprungs sein und Ziegenberg bedeuten. Der aussichtsreiche Berg, über den die Wasserscheide zwischen Nordsee und Schwarzem Meer und der 50. Breitengrad verlaufen, beeindruckt durch ein mächtiges Granitblockfeld. Das bewirtschaftete Unterkunftshaus des Fichtelgebirgsvereins unterhalb des steinernen Aussichtsturms ist die höchste bewohnte Stelle im Fichtelgebirge.

Vom Wanderparkplatz an der Kemnather Straße in **Tröstau** Richtung Nagel. In der Linkskurve

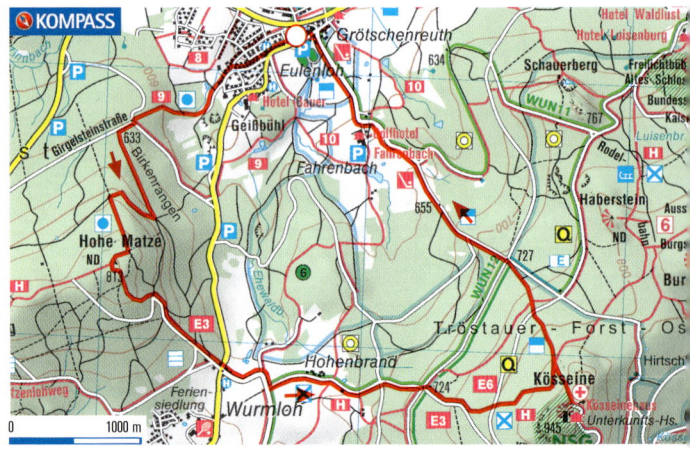

FICHTELGEBIRGE

Blick vom Kösseineturm.

rechts auf die Waldstraße. Bis auf die Hohe Matze leitet der blaue Punkt. Zum Ortsende und geradeaus auf einen Waldweg. Folgende Gabelung rechts. Nächste Gabelung links. Der Weg verengt sich zu einem Pfad und gabelt sich. Hier links. Nun geradeaus steil bergan. Über eine Kreuzung und weiter auf breitem Schotterweg. Nach ca. 100 m links ab. Zur Gabelung der Forststraße auf der Anhöhe und scharf rechts auf einen schmalen Pfad. Zu einer kleinen Waldlichtung und links. Steiler bergan und einen Forstweg queren. Zur Kreuzung bei einer Ruhebank, links und auf einem Pfad geradeaus. Er verbreitert sich und erreicht eine Kreuzung. Hier rechts und auf die **Hohe Matze.** Nun leitet das weiße H auf rotem Grund.

Den Herweg zurück, geradeaus haltend über die bekannte Kreuzung und auf steinigem Pfad steil zur Kreuzung zweier Forststraßen hinab. Hier rechts und weiter bergab. Im Weiler **Wurmloh** die Straße nach Tröstau queren.

Mit Asphalt unter den Füßen, die Kösseine im Blick, durch **Hohenbrand** und an einem Wanderparkplatz vorbei geradeaus in den Wald. Auf breitem Kiesweg bergan. Geradeaus über eine Kreuzung und weiter bergan bis ein Wegweiser links auf einen Waldweg führt. Eine Forststraße queren, geradeaus über eine Kreuzung mit Wegweisern und einen steilen Felsenpfad hinauf. Erneut einen Forstweg queren und über Stufen zum **Kösseinehaus** hinauf. Zurück zur Kreuzung mit Wegweisern und rechts (blau-weißes Rechteck). Folgende Kreuzung links. Eine Forststraße queren, gleich rechts halten und auf einem Pfad zur Kreuzung zweier Forststraßen hinab. Hier links. Nun geradeaus. Durch den **Golfplatz Fahrenbach** nach **Tröstau** hinab.

FICHTELGEBIRGE

9

Nagel – Kösseine – Reichenbach

Aus dem Gregnitztal auf den Ziegenberg

Ausgangspunkt: Parkplatz »Am See« in Nagel.
Bus/Bahn: Busverbindung.
Gehzeiten: 5 Stunden.
Charakter: Wanderung durch überwiegend dichten Wald auf meist bequemen Wegen. Herrliche Fernblicke.
Einkehr: Kösseinehaus (Mo Ruhetag), Reichenbach, Nagel.
Karte: Kompass Nr. 191.

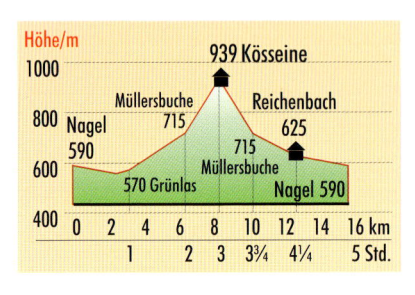

Nach dieser ausgedehnten Wanderung verlockt der sechs Hektar große Nageler See zu längerem Verweilen, sei es zum Baden, Kahn fahren oder zum Faulenzen auf der Liegewiese.

Vom hoch gelegenen Parkplatz »Am See« in **Nagel** mit dem blauen Kreuz zum See hinab und rechts. Am Ufer entlang bis in Höhe Bootshaus und rechts zur Straße. Wieder rechts, aber bereits

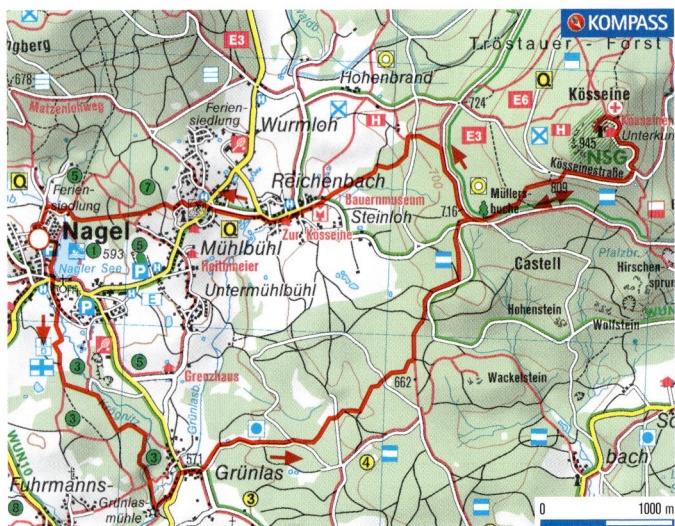

FICHTELGEBIRGE

Blick auf den Nageler See.

vor der Brücke links (Im Winkel). Gegen Ortsende rechts, über eine Brücke und geradeaus auf grasigem Wirtschaftsweg. Er entfernt sich vom **Gregnitzbach,** schwenkt nach links und geht in einen Wiesenweg über. In den Wald zur Kurve eines Forstweges. Hier links. An einem Feuchtgebiet vorbei und folgenden Querweg rechts.

Stets dem blauen Kreuz folgend wieder zur Gregnitz und auf einem Pfad am Ufer entlang. An einem im Bachbett liegenden Goldwaschstein, in dem einst goldhaltiges Gestein gemahlen wurde, vorbei. Über eine Brücke und zum Asphaltweg bei der **Grünlasmühle.** Nun leitet der blaue Punkt.

Links nach **Grünlas.** Im Ort rechts. Dann links, in den Wald und auf breiter Forststraße ca. 800 m bergan. Nun links ab und bergan zu einem Forstweg mit Wegweiser. Hier links. Bis auf die Kösseine leitet nun der weiße Querstrich auf blauem Grund.

Zum Rastplatz bei der **Müllersbuche.** Weiter bergan zur Kösseinestraße und rechts. Nach 600 m links und steil auf die **Kösseine** hinauf.

Auf bekanntem Weg zur **Müllersbuche** zurück und rechts. Nun leitet der gelbe Ring. Nach 700 m auf breiter Forststraße links auf einen Waldweg. Zu einer Kreuzung mit Wegweiser. Nun leitet das schwarze Q auf gelbem Grund. Nach **Reichenbach** hinab. Am Bauernhofmuseum vorbei durch den Ort. Gegen Ortsende links auf die Kösseinestraße. Die Straße Nagel – Tröstau queren. Auf dem Ringweg und der Straße An der Mauth in die Flur. Am Hans-König-Brunnen bei der **Petersruh** vorbei und durch den Wald nach **Nagel** zurück.

FICHTELGEBIRGE

10

Vordorfermühle – Nußhardt – Seehaus
Am Fuß des Schneebergmassivs

Ausgangspunkt: Wanderparkplatz am Waldrand von Vordorfermühle, Ortsteil der Gemeinde Tröstau.
Bus/Bahn: Nein.
Gehzeiten: 3 Stunden.
Charakter: Waldwanderung auf ebenen Wegen und felsigen Pfaden. Panoramablick.
Einkehr: Vordorfermühle, Seehaus (Di Ruhetag).

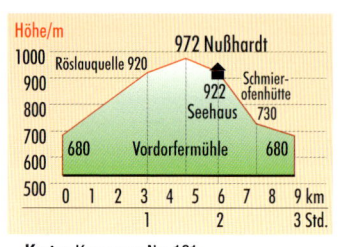

Karte: Kompass Nr. 191.

Höhepunkt dieser Tour ist der Nußhardt, eine imposante Granitfelsengruppe, deren Gipfel einen herrlichen Ausblick auf Schneeberg und Ochsenkopf schenkt. Über das Seehaus, ein bewirtschaftetes Unterkunftshaus des Fichtelgebirgsvereins, und durch das lauschige Röslautal wandern wir nach Vordorfermühle zurück. Dabei berühren wir einen geologisch-historischen Lehrpfad.

Vom Wanderparkplatz am Waldrand von **Vordorfermühle** ungefähr 100 m in den Ort hinab, dann

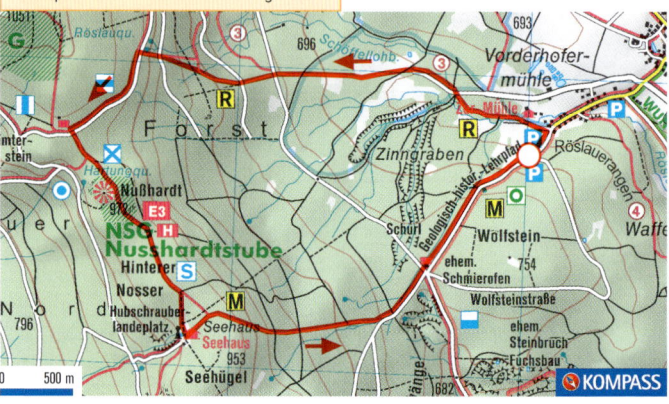

> Der **Nußhardt** besteht aus charakteristischen wollsackartigen Granit- und Gneisfelsen. Eine Treppe führt zum Gipfel hinauf. Die dort ins Auge fallenden Verwitterungsmulden wurden als Druidenschüsseln, als vorchristliche Opferschalen, gedeutet. An der Südseite des Gipfels öffnet sich eine 25 m lange Höhle.

FICHTELGEBIRGE

Die Röslaquelle.

links auf den Röslaweg. Bis zur Röslauquelle leitet das schwarze R auf gelbem Grund. In den Wald und an der **Röslau** entlang. Folgenden Abzweig links und weiter am Bach entlang. Geradeaus über eine Kreuzung auf einen steinigen Weg, der sich zu einem Pfad verengt. Zu einer geschotterten Forststraße und links. Folgenden Abzweig links. Bereits nach 20 m, vor einer großen Waldlichtung, rechts auf einen Pfad. An der Lichtung entlang zu einem Schotterweg und links. Gleich folgende Gabelung rechts und stetig ansteigendem Weg geradeaus. Eine Forststraße queren und weiter bergan auf grasigem Weg. Er verengt sich zu einem Pfad und gabelt sich. Nun rechts und steil bergan. Eine Forststraße queren und weiter auf steilem Pfad. Eine Forststraße rechts versetzt queren, steil bergan zur nächsten Forststraße und links. Nach wenigen Metern führt links ein Abstecher zur **Röslauquelle.** Nun leitet das blaue S und der blaue Querbalken.

Nach ca. 800 m links (weißes H auf rotem Grund). Auf unbefestigtem Waldweg leicht bergab und am Abzweig nach Karches vorbei. Der Weg steigt an und führt durch das **Naturschutzgebiet Nußhardtstube.** Am Aussichtsfelsen vorbei auf einen Felsenpfad, der in einen Waldweg übergeht. Geradeaus auf eine gekieste Forststraße und allmählich bergab. Achtung! Nun rechts auf einen schmalen Weg und zum **Seehaus** hinab.

Hier links (schwarzes M auf gelbem Grund) und bald sehr steil auf steinigem Weg geradeaus bergab. Zwei Forstwege queren. Zur Kurve einer Forststraße und weiter in bisheriger Richtung. Über die Kreuzung bei der **Schmierofenhütte** und geradewegs zum Ausgangspunkt zurück.

> Die etwa 50 km lange **Röslau** ist ein Hauptgewässer des Inneren Fichtelgebirges. Sie mündet nordöstlich des Dorfes Fischern in die Eger. Mit ihrer Wasserkraft wurden einst viele Hammerwerke betrieben. Entlang der Röslau verläuft von der Quelle bis zur Mündung der Rösla-Wanderweg. Er ist 44 km lang und mit schwarzem R auf gelbem Grund markiert. Während man das Gewässer am Oberlauf Rösla nennt, wird es am Unterlauf meist Röslau genannt. Die Diskussion über die richtige Schreibweise ist sehr alt. Die Stadt Wunsiedel hat bei der 1930 veranlassten Quellfassung Rösla einmeißeln lassen. Da aber in fast allen Karten der Name Röslau benutzt wird, wird er auch hier verwendet.

Silberhaus – Platte – Seehaus – Fichtelsee
Auf dem Höhenweg

Ausgangspunkt: Parkplatz an der Fichtelgebirgsstraße bei der Gaststätte Silberhaus.
Bus/Bahn: Busverbindung.
Gehzeiten: 3½ Stunden.
Charakter: Überwiegend schmale Pfade mit steinigen Abschnitten. Herrlicher Fernblick von der Platte.
Einkehr: Silberhaus (Mo Ruhetag), Seehaus (Di Ruhetag), Waldhotel am Fichtelsee.
Karte: Kompass Nr. 191.

Das **Silberhaus,** eine Gaststätte an der Fichtelgebirgsstraße, die hier die Schneebergkette zwischen Platte und Hoher Matze überschreitet, steht auf einer Wasserscheide. Südlich fließt das Wasser zu Naab und Donau und somit ins Schwarze Meer, nördlich zu Röslau und Eger und somit in die Nordsee. Das Silberhaus war bis 1961 Forsthaus. Seinen Namen verdankt es dem Edelmetall, nach dem hier einst gegraben wurde.

Das **Seehaus,** ein bewirtschaftetes Unterkunftshaus des Fichtelgebirgsvereins, liegt oberhalb des Fichtelsees, daher der Name. Es wurde 1928 an der Stelle eines 1785 errichteten Zechenhauses für Zinnwäscher errichtet und ist der höchste bewohnte Punkt des Fichtelgebirges. Bereits im 16. Jh. wurde hier nach Zinn gegraben.

FICHTELGEBIRGE

Der Gedenkstein Altes Silberhaus.

Die aussichtsreiche Platte mit ihrem Blockmeer aus mächtigen Granitklötzen ist erstes Ziel dieser Tour, die über das Seehaus zum viel besuchten Fichtelsee führt.

Vom Parkplatz bei der Gaststätte **Silberhaus** vorsichtig die Fichtelgebirgsstraße queren und auf einem Pfad in den Wald. Bis zum Seehaus leitet nun das rote H des Höhenweges. Bergan zur Pfadkreuzung, links und weiter bergan. Am Gedenkstein für das **Alte Silberhaus** vorbei. Hier stand bis 1868 ein Waldwärterhaus. Bald rechts ab. Der Pfad zieht erst nach rechts, dann nach links, wird von Birken und Beerensträuchern gesäumt und führt über dicke Felsbrocken zu einem Querpfad hinauf. Hier rechts auf die nahe **Platte.**

Nun links und den Markierungen auf Felsenpfad talwärts folgen. Zu einer Forststraße und rechts. Etwa 1,3 km geradeaus, dann rechts auf einen Pfad und steil zum **Seehaus** hinauf.

Den Fahrweg hinab (schwarzes M auf gelbem Grund und blaues S). Geradeaus über eine Kreuzung auf einen Waldweg und bergab. Vorsichtig die B 303 querend auf einen Waldweg (blaues S) und durch das Naturschutzgebiet Seelohe zu einer Gabelung. Hier links auf den einsetzenden Bohlenpfad. Am Fichtelsee entlang zum **Waldhotel am Fichtelsee.**

Nun links auf den asphaltierten Seehausweg und bergan (schwarzes Q auf gelbem Grund, blaues S). Folgenden Abzweig links auf einen Forstweg. Nach etwa 500 m seiner Rechtskurve folgen. Die Straße nach Fichtelberg querend auf einen Pfad und den **Kregnitzhügel** hinauf zu einer Forststraße. Hier links. Nach ca. 100 m rechts auf einen Pfad und wieder bergab. Eine Forststraße queren, sofort links halten und auf einen Waldweg (blauer Punkt). Auf einer Brücke über die **Gregnitz** und weiter auf breitem Weg. Rechts haltend eine Forststraße queren und bergan. Erneut eine Forststraße queren und steil bergan. Die Straße nach Nagel querend zum **Silberhaus** zurück.

FICHTELGEBIRGE

12

Grünberg – Zinnerbrunnen – Waldhaus Mehlmeisel

Über den Scheibenberg zum Waldmuseum

Ausgangspunkt: Bushaltestelle am südlichen Ortsausgang von Grünberg, Ortsteil von Brand.
Bus/Bahn: Busverbindung.
Gehzeiten: 4 Stunden.
Charakter: Waldwanderung auf überwiegend ebenen und breiten Forstwegen.
Einkehr: Bayreuther Haus (Mo Ruhetag).
Karte: Kompass Nr. 191.

Höhe/m							
1000			Klausenturm 815				
800		Zinnerbrunnen 684	810		800	Ölbrunn 679	
600			690	Waldhaus Mehlmeisel			
400	555 Grünberg					Grünberg 555	
	1	3	5	7	9	11	13 km
							4 Std.

Diese unkomplizierte Tour führt über den Scheibenberg zum Berggasthof Bayreuther Haus und zum Informationszentrum Waldhaus Mehlmeisel mit Waldmuseum und Wildgehegen. Vom Klausenturm genießen wir eine herrliche Aussicht aufs Tal der Fichtelnaab, bevor es auf gemütlichen Spazierwegen zurück nach Grünberg geht.
Von der Bushaltestelle gegenüber dem Gasthof Zum Waffenschmied in **Grünberg** auf der Kemnather Straße aus dem Ort. Vor dem Ortsschild rechts ab (Weg Nr. 7). Folgende Gabelung links, geradeaus in den Wald und auf einem Schotterweg zum Querweg beim **Zinnerbrunnen** hinauf. Hier rechts. Folgende Gabelung links. In der

FICHTELGEBIRGE

Der Zinnerbrunnen.

scharfen Rechtskurve den Geißbach queren. Weiter geradeaus, dann der scharfen Linkskehre folgen. Den Querweg rechts (schwarzes S auf gelbem Grund, Weg Nr. 2) und bald an Parkplätzen und einem Teich entlang zur Kreuzung beim **Bayreuther Haus** hinauf. (Abstecher führen zum **Waldhaus Mehlmeisel** und zum **Klausenturm.**)

Auf bekanntem Weg etwa einen Kilometer zurück (Flötztalweg, schwarzes S auf gelbem Grund, Nr. 2), dann geradeaus weiter Weg (Nr. 7) zur Kurve eines Querweges und links. Am **Schustermarterl** und am Abzweig zur Wolfsäule vorbei und auf dem Hauptweg bleibend nach **Ölbrunn.**

Zur Kreuzung am unteren Ortsrand und links auf einen Teerweg. (blaues S). In seiner Linkskurve geradeaus auf einen Waldweg. Zu einem Abzweig hinab und links. Einen Teerweg queren (blaues S, Nr. 7). Etwa 50 m vor der öffentlichen Straße links auf einen Waldweg und bald an der Straße entlang nach **Grünberg** zurück.

Das Schustermarterl.

FICHTELGEBIRGE
13

Bayreuther Haus – Wolfsäule – Waldhaus Mehlmeisel

Auf dem Wolfsweg

Ausgangspunkt: Bayreuther Haus.
Bus/Bahn: Nein.
Gehzeiten: 2 Stunden.
Charakter: Leichter Waldspaziergang.
Einkehr: Bayreuther Haus (Mo Ruhetag).
Karte: Kompass Nr. 191.

Die 1907 aufgestellte **Wolfsäule** erinnert an die Wölfe, die einst zahlreich im Fichtelgebirge heimisch waren. Jahrhunderte lang wurden sie mit Gift, Fallen, Gruben und Flinten verfolgt, was schließlich zu ihrer Ausrottung führte. Wolfsjagden sind im Fichtelgebirge bis 1883 dokumentiert. Danach tauchten ab und an noch Wölfe auf, die sich aus angrenzenden Waldgebieten verirrten.

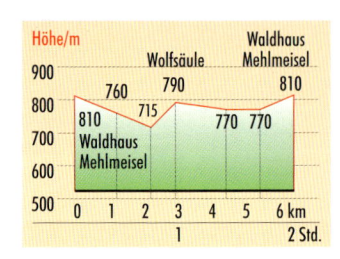

Ein Besuch des Waldhauses Mehlmeisel ist für Kinder ein besonderes Erlebnis. Nach Besichtigung des Museum und der Wildgehege bietet sich eine kurze Wanderung mit anschließender Einkehr an. Von der Kreuzung beim **Bayreuther Haus** folgen wir der Markierung schwarzer Wolf auf gelbem Feld, die anfangs vom schwarzen S auf gelbem Grund begleitet wird und sich teilweise mit dem Marterlweg deckt. Der Weg führt zwischen den Teichen und den Parkplätzen bergab. Nach etwa einem Kilometer links ab und weiter auf breiter Forststraße. Die Gabelung hinter der scharfen Rechskehre rechts. Nach etwa 500 m wieder rechts und an der **Wolfsäule** vorbei zu einem Querweg. Hier rechts. Am **Schustermarterl** vorbei. Nach ca. 750 m links ab.

Der Klausenturm.

FICHTELGEBIRGE

Waldhaus Mehlmeisel.

Folgenden Querweg rechts und zum Ausgangspunkt zurück. Wer jetzt noch unternehmungslustig ist, macht einen Abstecher zum Klausenturm, der eine herrliche Aussicht aufs Tal der Fichtelnaab schenkt.

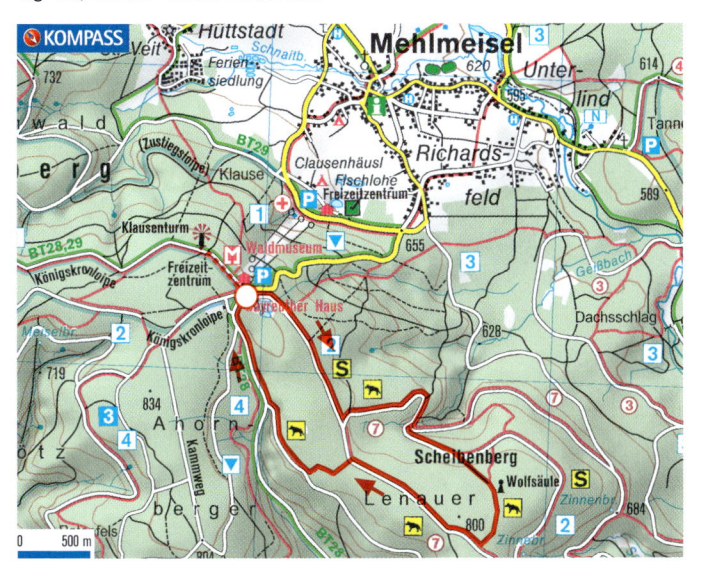

FICHTELGEBIRGE

14

Ahornberg – Waldhaus Mehlmeisel

Auf dem Jägersteig durch den Ahornberger Forst

Ausgangspunkt: Gasthaus Flötztal in Ahornberg.
Bus/Bahn: Mit der Bahn bis Immenreuth und weiter mit dem Bus.
Gehzeiten: 4¼ Stunden.
Charakter: Waldwanderung mit Fernblicken. Überwiegend ebene Forstwege.
Einkehr: Bayreuther Haus (Mo Ruhetag).
Karte: Kompass Nr. 191.

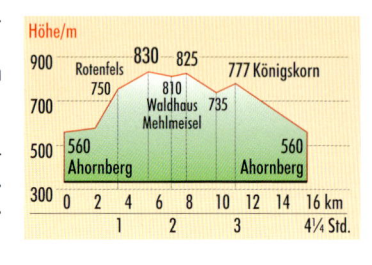

Aus dem Flötzbachtal wandern wir zur Waldgaststätte Bayreuther Haus hinauf. Im nahen Waldhaus Mehlmeisel erwarten uns ein Waldmuseum und Wildgehege und auf dem Klausenturm eine herrliche Aussicht. Auf der ganzen Strecke leitet die weiße 3 auf blauem Grund.

Von der Übersichtstafel beim Gasthaus Flötztal in **Ahornberg** bergan an einer Kapelle vorbei zu einem Soldatendenkmal. Hier rechts. Die Weggabelung rechts und weiter im Waldschatten durchs Tal. Mit der Forststraße über den **Mühlbach,** links ab und weiter bergan. Am **Rotenfels,** der

Mineraliensammlung im Waldhaus Mehlmeisel.

FICHTELGEBIRGE

eine schöne Aussicht schenkt, vorbei und rechts auf eine Forststraße. Nach 1,5 km ihrer Rechtskurve folgen. Nun noch etwa 500 m bergan, dann links. Geradeaus zur Kreuzung beim **Bayreuther Haus.** (Ein Abstecher führt zum nahen **Waldhaus Mehlmeisel.**) Links zum **Klausenturm.** Nach weiteren 500 m auf dem breiten Forstweg links auf einen Pfad. Eine Forststraße queren und rechts halten. Nach 750 m links auf eine Forststraße und zur Kreuzung **Königskron.** Hier links. Dem breiten Forstweg etwa 2,8 km talwärts folgen, dann rechts. 800 m zum Querweg bei einem Kreuz und schöner Aussicht. Hier links. Nach etwa 500 m links ab. Zum bekannten Weg im Flötzbachtal und rechts zum Ausgangspunkt zurück.

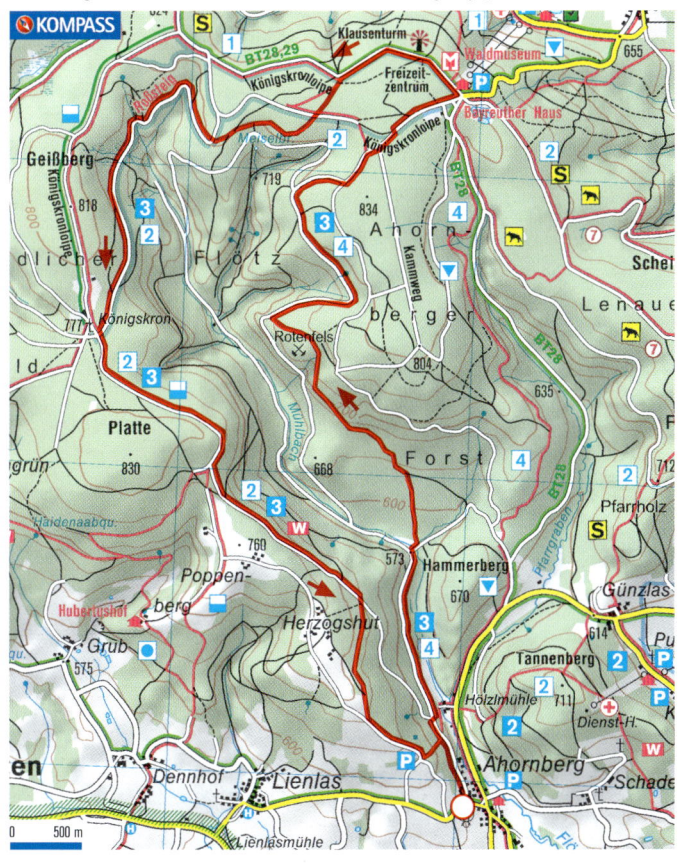

FICHTELGEBIRGE

15

Fichtelberg – Waldhaus Mehlmeisel – Hüttstadl
Auf dem Brunnenweg

Ausgangspunkt: Hennelohweg am südwestlichen Ortsrand von Fichtelberg.
Bus/Bahn: Busverbindung.
Gehzeiten: 4 Stunden.
Charakter: Waldwanderung auf ebenen Wegen und schmalen Pfaden. Fernblicke.
Einkehr: Bayreuther Haus (Mo Ruhetag), Hüttstadl, Neugrün.
Karte: Kompass Nr. 191.

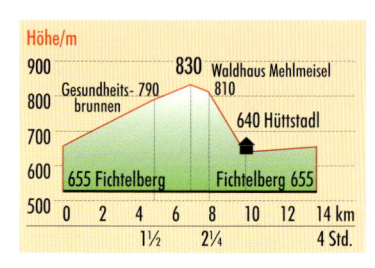

Durch dichten Forst wandern wir zum Gesundheitsbrunnen, dem von alters her heilkräftige Wirkung zugeschrieben wird. Vom Klausenturm genießen wir eine herrliche Aussicht. Von dort ist es nur noch ein Katzensprung zur Waldgaststätte Bayreuther Haus und dem benachbarten Waldhaus Mehlmeisel mit Waldmuseum und Wildgehege.

Wir verlassen **Fichtelberg** auf dem Hennelohweg. Bei der alten Fabrik halten wir uns rechts. Auf der ganzen Strecke leitet nun die blaue 1 auf weißem Grund des Brunnenweges, die bis zum Gesundheitsbrunnen vom weißen Kreuz auf blauem Grund begleitet wird. Nach etwa einem Kilometer haben uns die Markierungen sicher zum **Moosknockbrünnle** geleitet. Wenige Minuten

FICHTELGEBIRGE

Kristallklare Bäche durchfließen das Gebirge.

später erreichen wir eine Kreuzung mit Bildstock am Waldrand bei Neugrün. Der Blick schweift über Steinwald und Kösseine, bevor uns wieder dichter Wald umfängt. Mehrere Forstwege kreuzend erreichen wir schließlich auf steilem Pfad die Kurve einer Forststraße. Hier links. Nach etwa 700 m, vor der scharfen Rechtskurve, rechts ab und einen Waldweg steil bergan.

Achtung! Bald links auf einen schmalen Weg, der in einen Pfad übergeht und zur Schutzhütte beim **Gesundheitsbrunnen.**

Hier rechts und einen Pfad bergan. Eine Forststraße rechts versetzt queren und auf schmalem Waldweg zur nächsten Forststraße hinauf. Hier links. Folgende Gabelung links und nun dem Hauptweg folgen. Am **Klausenturm** vorbei zur Kreuzung beim **Bayreuther Haus.** Ein Abstecher führt zum **Waldhaus Mehlmeisel.**

Am **Bayreuther Haus** und am Waldkinderspielplatz vorbei zur Bergstation des Lifts und rechts auf einen Pfad. Er zieht gleich nach links in den Wald. Eine Forststraße querend zu einem Querweg hinab. Hier links, aber bereits nach etwa 50 m rechts ab und wieder talwärts. Gleich folgenden Abzweig links und einen Waldweg hinab. Eine Forststraße querend nach **Hüttstadl.** (Hier queren wir den mit Trompete markierten **Echoweg,** der zu einer Stelle führt, die ein außergewöhnliches Echo zurückwirft.)

Geradeaus haltend am westlichen Rand der Ferienhaussiedlung entlang ins eigentliche Dorf. Links ab und an Haus 14 vorbei zum großen Weiher. Wieder links. Am Weiher entlang, rechts auf einen Wiesenpfad und am kleineren Weiher entlang in den Wald. Sofort rechts über einen Steg und einen Pfad bergab. Er knickt gleich links ab und erreicht eine Forststraße. Hier rechts. Nach etwa 200 m rechts ab. Dann links auf einen Wiesenweg. Die Straße nach Mehlmeisel queren. Am Ortsrand von **Neugrün** rechts und wieder in den Wald. Kurz vor der Straße nach Hüttstadl weist die Markierung nach links. Zu einem Forstweg hinab und rechts. Zur Straße nach Hüttstadl und links. Nach ca. 250 m eine Wiese hinauf und an der **Thaddäus-Kapelle** vorbei. Folgenden Querweg links, dann rechts haltend nach **Fichtelberg** zurück.

FICHTELGEBIRGE

16

Besucherbergwerk Gleißinger Fels – Fichtelsee

Rund um Fichtelberg

Ausgangspunkt: Besucherbergwerk Gleißinger Fels.
Bus/Bahn: Busverbindung.
Gehzeiten: 2½ Stunden.
Charakter: Leichte Wanderung auf überwiegend breiten Forstwegen.
Einkehr: Bleaml-Alm (Di Ruhetag), Waldhotel am Fichtelsee.
Karte: Kompass Nr. 191.

Höhepunkt dieser abwechslungsreichen Tour rund um Fichtelberg ist der viel besuchte Fichtelsee. Er lädt zum Baden und Boot fahren ein. Einblicke in die Welt unter Tage gibt eine Erkundung des Bergwerkes Gleißinger Fels. Auf der ganzen Strecke folgen wir dem Rundwanderweg Nr. 2.

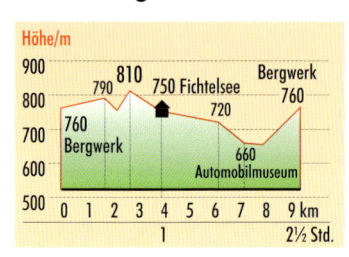

Vom Parkplatz beim **Besucherbergwerk Gleißinger Fels** entlang der Straße Richtung Fichtelberg. Bei der Bergwacht links auf den Heinz-Brunner-Weg. Am **Meiler-Platz** vorbei und rechts auf einen Teerweg. Geradewegs an der **Bleaml-Alm** vorbei in den Wald und dem Hauptweg zu einem geschotterten Querweg folgen. Hier rechts. Zum breiten Querweg und rechts Richtung Neubau. Bergab zum Ortsrand und links auf den Zimmerwaldweg. Auf die nahe Anhöhe, links auf einen Pfad und in den Wald. Zur Ecke einer Waldwiese, links bergan und wieder in den Wald. Nach etwa 50 m zieht der Pfad nach rechts und führt zu einer Kreuzung hinauf. Hier rechts. Nach etwa 500 m rechts auf einen Pfad und steil bergab. Parkplatz und Straße queren und zur Schutzhütte im **Naturschutzgebiet Seelohe.** Hier

FICHTELGEBIRGE

Der Fichtelsee.

rechts, aber gleich links halten und über einen Damm. Zum anderen Ufer und rechts zum **Waldhotel** am Fichtelsee.

Links am Hotel vorbei und weiter am Fichtelsee entlang. An seiner südwestlichen Ecke links in den Wald. Einen Teerweg queren. Geradeaus zu einer Gabelung und rechts. Bald haben wir Felsen zur Linken, Ferienhäuser zur Rechten. Hier links auf einen Pfad. Am oberen Ende der Felsengruppe rechts und an der **Sachsen-Ruh** vorbei. Vor dem Sportgelände links. Der Pfad zieht nach rechts und führt an der Straße entlang. Hinter dem Ortsschild die Straße queren, einen Waldpfad bergab und einen Schotterweg queren. Hinab zum nächsten Schotterweg, links und bergab. In der Linkskurve rechts auf einen Pfad, zu einem Teerweg und rechts. Am **Automobilmuseum** vorbei und weiter auf dem Pflasterweg am Freigelände des Museums entlang. Zur Querstraße (Poststraße). Rechts zur Kreuzung (Max-Reger-Platz) und links auf die Bayreuther Straße. Über die **Fichtelnaab.**

Nach etwa 50 m rechts, am Feuerwehrhaus vorbei und gleich links über Stufen den Wald hinauf. Den Querweg links. Bergab an Wiesen entlang, dann links und am **Bocksgraben** entlang. Durch den Ortsteil Bergwerk-Siedlung zu einer Kreuzung und links (Gustav-Leutelt-Str.). Rechts auf den Schmiererweg und bergan. Den **Bocksgraben** queren und steil bergan zum **Bergwerk Gleißinger Fels** zurück.

> Der **Fichtelsee** ist ein beliebtes Naherholungsgebiet. Er entstand erst 1607 als ein Damm angelegt wurde, um Wasser für neue Hochöfen und Hammerwerke anzustauen. 1983/86 entstand südlich dieses Sees ein 20 m hoher Damm mit dem die Wasserfläche auf elf Hektar erweitert wurde. An seinem nördlichen Ufer beginnt das Naturschutzgebiet Seelohe, eine Verlandungszone mit typischer Hochmoorvegetation. Der Fichtelsee liegt in 750 m Höhe und lädt im Sommer zum Schwimmen und Boot fahren, im Winter zum Schlittschuhlaufen ein. Neben dem bekannten Seefest finden am Fichtelsee viele kulturelle Veranstaltungen statt.

FICHTELGEBIRGE

17

Besucherbergwerk Gleißinger Fels – Fleckl

Auf dem Bergwerksweg

Ausgangspunkt: Besucherbergwerk Gleißinger Fels.
Bus/Bahn: Busverbindung mit Fichtelberg und Fleckl.
Gehzeiten: 2 Stunden.
Charakter: Leichte Waldwanderung mit Lehrpfadcharakter.
Einkehr: Bleamel Alm (Di Ruhetag), Fleckl.
Karte: Kompass Nr. 191.

Die Wanderung auf dem Bergwerksweg, ein Siebensternwanderweg, erschließt Zeugnisse des frühen Bergbaus im Umfeld von Fichtelberg. Höhepunkt ist ein **Besuch des Bergwerkes Gleißinger Fels.** Auf der ganzen Strecke leitet ein grünes Bergwerkszeichen. Der **Bergwerksweg** deckt sich teilweise mit dem Dichter-, Denker- und Komponistenweg, dem Meilerweg und anderen Markierungen.

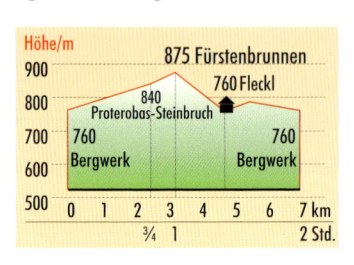

Vom Parkplatz vor dem Besucherbergwerk Gleißinger Fels Richtung Fichtelberg. Folgende Kreuzung links. Zum Meilerplatz, auf einen Pfad und bergan. Einen Fahrweg queren und auf einem Forstweg in den Wald. An Station 2 »Erzgang« vorbei. In einer Rechtskurve an Station 4 »Abbauversuch« vorbei. Zu einer geschotterten Forststraße hinauf und links. Die Straße senkt sich bald bergab. Folgende Kreuzung

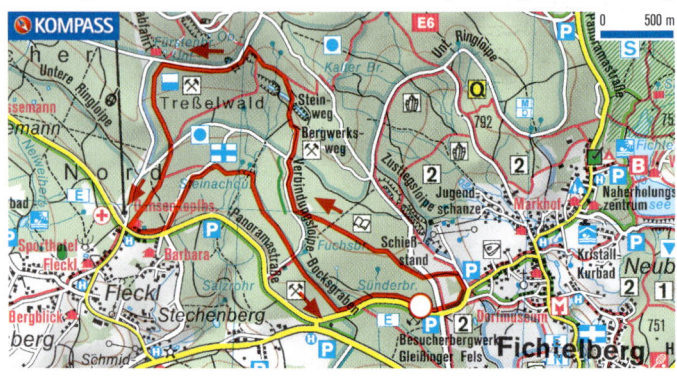

FICHTELGEBIRGE

Am Bergwerksweg.

rechts. Bergan auf breitem Weg. An Station 5 »Wollsackgranite« vorbei. Folgende Gabelung links. An der Station »Steinbruchhalde« des Köhler-, Hirten- und Steinhauerweges vorbei. An einem mit Wasser gefüllten Proterobas-Steinbruch entlang, rechts bergan und an einer Ruhebank vorbei zu einer Gabelung. Links bergan zur Forststraße und links zum **Fürstenbrunnen.**

Links ab. Eine Forststraße queren. An einer unscheinbaren Kreuzung berührt der Bergwerksweg den mit blauem Punkt markierten Weg. Hier rechts. Gleich folgende Pfadgabelung links. Folgende Gabelung rechts. Kurz vor dem Gasthof Ochsenkopfhaus am Waldrand von **Fleckl** links auf einen Pfad, der sich zu einem Waldweg verbreitert und eine Weile vom blauen Punkt begleitet wird. Zu einer Forststraße, links und bergan. Durch die S-Kurve und folgenden Abzweig rechts (blaues Kreuz). Auf einem Waldweg, der in einen wurzelreichen Pfad übergeht zum **Bocksgraben.** Hier rechts und auf dem Bocksgrabenweg, mal Pfad, mal Spazierweg, bergab am Bach entlang. Schließlich die von Fleckl kommende Straße queren, links ab und auf einem Pfad an der Straße entlang zum **Bergwerk** zurück.

> Die **Siebenstern-Wanderwege** sind nach dem Siebenstern, einem Wahrzeichen des Fichtelgebirges benannt. Es sind sieben Rundwanderwege, die sich jeweils einem besonderen Thema widmen:
> der Köhler-, Hirten- und Steinhauerweg (3,5 km), der Steinweg (3,5 km), der Bergamtsweg (5 km), der Brunnen- und Quellenweg (7 km), der Dichter-, Denker- und Komponistenweg (12, 5 km) und der Steinzeitweg (16 km).

FICHTELGEBIRGE

18

Warmensteinach – Grassemann – Ochsenkopf – Fleckl

Auf den zweithöchsten Gipfel

Ausgangspunkt: Parkplatz beim Freizeithaus.
Bus/Bahn: Busverbindung.
Gehzeiten: 4½ Stunden.
Charakter: Breite Forstwege, steinige Pfade und herrliche Aussichtspunkte. Überwiegend Waldschatten.
Einkehr: Grassemann (Do Ruhetag), Asenturm (Do Ruhetag), Fleckl.
Karte: Kompass Nr. 191.

FICHTELGEBIRGE

Die Weissmainquelle.

Diese abwechslungsreiche Tour berührt viele Sehenswürdigkeiten: das Freilandmuseum Grassemann mit Naturpark-Infostelle, den Ochsenkopf mit Asenturm, die Weißmainquelle, den Weißmainfelsen und die Fichtelnaabquelle.

Vom **Freizeithaus in Warmensteinach** entlang der Oberwarmensteinacher Straße über die Steinach, dann rechts in die Löchleinstalstraße. Bis auf den Ochsenkopf leitet der blaue Schrägstrich. In Richtung Grassemann aus dem Ort und auf folgend rechts abzweigenden Forstweg. Gleich wieder links ab und auf breitem Forstweg oberhalb der Löchleinstalstraße durch den Hangwald. Zur Gabelung, rechts bergan, aber bald zur Straße hinab und gleich rechts auf einen Pfad, der in einen geteerten Gehweg übergeht.

Der **Ochsenkopf** (1024 m) ist der zweithöchste und bekannteste Berg des Fichtelgebirges. Auf dem Gipfel ragen ein 186 Meter hoher Sendeturm und der bewirtschaftete 17 Meter hohe Asenturm empor. Die Bergstation der von Fleckl und Bischofsgrün kommenden Seilschwebebahnen befindet sich neben dem Fernsehturm, am Osthang die Weißmainquelle. Seinen Namen hat der Berg vermutlich von einem in Fels gemeißelten Ochsenkopf, der sich 200 Meter nordwestlich des Sendeturms befindet. Es ist wohl ein Bergwerkszeichen, denn in seiner Nähe befindet sich das Schneeloch, vermutlich ein stillgelegter Schacht.

Bei einer Grabung wurden 2004 Reste eines Schmelzofens gefunden und rekonstruiert. Diese Öfen wurden einst an mehreren Plätzen im Ochsenkopfgebiet gebaut, um das leicht schmelzende Gestein Proterobas aus dem härteren Granit auszuschmelzen. Aus der Schmelze wurde der so genannte »Schwarze Knopf« hergestellt.

FICHTELGEBIRGE

Das Freilandmuseum Grassemann.

Bergan durch **Grassemann.** Kurz vor dem Wirtshaus auf´m Grassemann links auf einen Pfad und zum **Freilandmuseum Grassemann.** Auf gleichem Pfad zurück und weiter die Straße entlang. Die Straße Bad Berneck – Fleckl queren und eine Forststraße hinauf. Zur Kreuzung mit Schutzhütte und rechts (blauer Schrägstrich, M auf gelbem Grund). Folgende Gabelung rechts. Nach etwa 100 m links auf einen steinigen Waldweg. Einen Pfad queren und auf felsigem Weg bald sehr steil bergan. Eine Forststraße und die Ochsenkopf-Schwebebahn unterqueren und links. An der Bergstation der Schwebebahn vorbei, dann rechts zum **Asenturm** auf dem **Ochsenkopf.**

Hier rechts (schwarzes M auf gelbem Grund). Auf steinigem Weg am Abzweig zum Goethefelsen vorbei und bergab. Eine Forststraße queren. An der links des Weges liegenden **Weißmainquelle** vorbei zur nahen Schutzhütte. Rechts ab (schwarzes Q auf gelbem Grund) und zum **Weißmainfelsen,** eine Granitfelsengruppe mit Aussichtswarte.

Hier rechts bergab. Eine Forststraße queren und geradeaus zur nahen, rechts des Weges liegenden **Fichtelnaabquelle.** Hier rechts. Bis Fleckl leitet nun der blaue Punkt. Auf einem Pfad zu einem Forstweg und links. Am **Kalten Brunnen** vorbei zum Querweg und rechts bergan. Achtung! Nach etwa 200 m links auf einen Pfad. Zum Querweg und rechts. Über einen Bach. An der Station 4 »Köhlerplatte« des Köhler-, Hirten- und Steinhauerweges

FICHTELGEBIRGE

vorbei. *Achtung!* Folgenden Abzweig rechts. Zu einem Querweg hinauf und links. Auf den folgend rechts abzweigenden Pfad. Zu einem Forstweg hinab. Kurz rechts talwärts, dann rechts auf einen Pfad. Rechts versetzt einen Forstweg queren. Zu einer Forststraße hinab und rechts. Nach 20 m links auf einen Pfad und zu einer Gabelung. Hier links und an mächtigen Felsen vorbei nach **Fleckl,** das wir beim Gasthof Ochsenkopf erreichen. Beim Gasthof Hirscheck auf die Straße nach Oberwarmensteinach (blau-weißes Rechteck).

Beim Sporthotel Fleckl rechts. Durch **Geiersberg.** Auf die Höhe und weiter auf einem Teerweg. Zu seiner scharfen Linkskurve hinab und rechts in den Wald. Bergab auf steinigem Pfad. Eine Forststraße links versetzt queren. Folgenden Forstweg queren und nach **Warmensteinach** hinab.

Blick vom Weißmainfelsen.

Warmensteinach – Oberwarmensteinach – Eisenberg
Historische Spuren zu Wasser und Landschaft

Ausgangspunkt: Freizeithaus in Warmensteinach.
Bus/Bahn: Busverbindung.
Gehzeiten: 1½ Stunden.
Charakter: Lehrpfad mit Erläuterungen zu Geschichte und Natur im nahen Umfeld von Warmensteinach. Spielelemente für Kinder.
Einkehr: Warmensteinach.
Karte: Kompass Nr. 191.

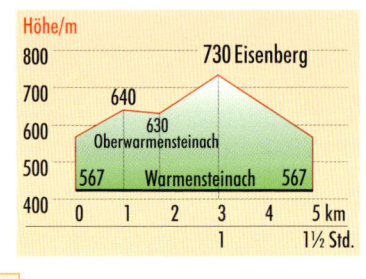

Die **Infotafeln des Lehrpfades** öffnen einen neuen Blick auf die Landschaft. Unter anderem erfährt man, dass die Waldfläche in den letzten hundert Jahren ständig zugenommen hat und dass die touristische Erschließung Anfang des 20. Jhds. durch den Wintersport begann. Natürlich werden auch Bäche, Mühlen und nicht zuletzt der Bergbau ausführlich beschrieben.

Hervorragend gestaltete Infotafeln und Objekte geben einen fundierten Einblick in die Veränderung der Natur durch menschliche Hand, erläutern Bergbau, alte Grenzziehungen, Bachläufe, das Landschaftsbild und vieles mehr.

Der Grenzhammer.

FICHTELGEBIRGE

Die Steinach.

Auf der ganzen Strecke leitet der grüne Ring.

Vom **Freizeithaus in Warmensteinach** entlang Oberwarmensteinacher Straße über die **Steinach** und rechts Richtung Grassemann in die Löchleinstalstraße. Bei der Pension Brigitte rechts auf Sonnensteig. Am **Felsenkeller,** dem Rest eines Eisenerzbergwerkstollen vorbei und über die ehemalige **Grenze** zwischen Bayerischer Oberpfalz und der Burggrafschaft Nürnberg. Auf einem Teerweg, der in einen Kiesweg übergeht bergan und am **Grenzhammer** vorbei.

Der Wanderweg folgt nun der rauschenden **Steinach** ihrer Quelle entgegen.

Zur Durchfahrtsstraße beim **Haus des Gastes** in **Oberwarmensteinach.** Hier links. Bei der Kirche rechts. Den **50. Breitengrad** und den Mausbach queren und geradeaus zum **Sport- und Jugendheim.** Nun rechts und an der Station »Hecken als Landschaftsraum« vorbei. Über den **Eisenberg** zum **Fernsehumsetzer** und links. Dabei werden die Stationen »Landschaft«, »Waldnutzung«, »Pingen« und »Sagen im Fichtelgebirge« berührt.

Nun zum Winkelweg hinab, rechts zur Oberwarmensteinacher Straße und links zum **Freizeithaus** zurück.

FICHTELGEBIRGE

20

Warmensteinach – Grassemann – Waldmoorbad Fleckl

Museumstour mit Badespaß

Ausgangspunkt: Freizeithaus in Warmensteinach.
Bus/Bahn: Busverbindung.
Gehzeiten: 2½ Stunden.
Charakter: Auf ebenen Forstwegen und Pfaden durch überwiegend dichten Wald. Bademöglichkeit.
Einkehr: Grassemann (Do Ruhetag), Fleckl.
Karte: Kompass Nr. 191.

Diese Tour eignet sich hervorragend für einen heißen Sommertag. Nach einem Besuch des Freilandmuseums Grassemann lockt das Waldmoorbad Fleckl mit Liegewiese und Dusche.

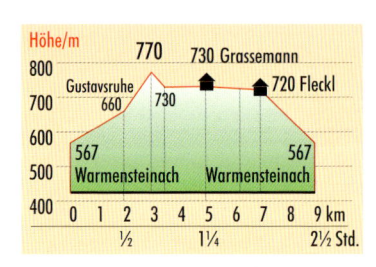

Vom **Freizeithaus in Warmensteinach** entlang der Oberwarmensteinacher Straße über die Steinach und rechts in die Löchleinstalstraße (Rundweg Nr. 3). Zum Ortsschild, links auf einen

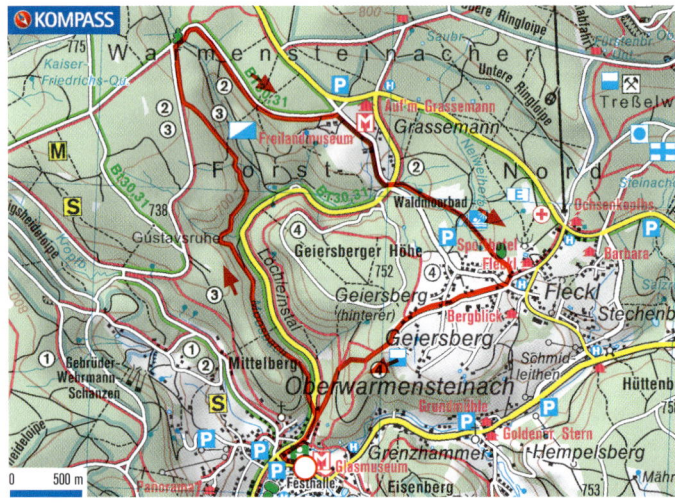

FICHTELGEBIRGE

Im Freilandmuseum Grassemann.

Forstweg und bergan zu einer Ruhebank mit Wegweiser. Links und auf schmalem Pfad am Berghang entlang zur **Gustavsruhe,** einst Aussichtspunkt. Auf einem Steg über den Bach und weiter auf einem Pfad. Einen Forstweg schräg queren, 500 m steil bergan zu einer Forststraße und rechts (Rundweg Nr. 2). 300 m zu einer Forststraße und wieder rechts. Zur Kreuzung beim Weiler **Grassemann** und rechts auf einen Asphaltweg. Am **Freilandmuseum Grassemann** vorbei zur Straße nach Oberwarmensteinach hinab. Die Straße querend auf einen Waldweg (Wegweiser) und somit den Weg Nr. 2 verlassen. Um das **Waldmoorbad Fleckl** herum und weiter in bisheriger Richtung (unmarkiert). Am Sportplatz vorbei nach **Fleckl.** Nun rechts (blauweißes Rechteck) und durch den Ortsteil **Geiersberg.** Auf die Höhe und weiter auf einem Teerweg. Zu seiner scharfen Linkskurve hinab und rechts in den Wald. Bergab auf steinigem Pfad. Eine Forststraße links versetzt queren, folgenden Forstweg queren und nach **Warmensteinach** hinab. Links auf die Löchleinstalstraße und zum **Freizeithaus** zurück.

> Das **Löchleinstal** steht unter Landschaftsschutz. Die steilen Hänge wurden durch den Grassemann- und Moosbach herausgearbeitet. Das Gasthaus Löchleinstal war in den 1820er Jahren heimlicher Treffpunkt von Mitgliedern der Deutschen Burschenschaft, unter ihnen Karl Sand, ein Sohn der Stadt Wunsiedel. Angeblich war er hier durch das Los dazu bestimmt worden, den als Polizeispitzel geltenden Dichter August von Kotzebue zu ermorden.

FICHTELGEBIRGE
21

Fleckl – Ochsenkopf – Weißmainquelle – Fichtelnaabquelle

Bequeme Gipfeltour

Ausgangspunkt: Parkplatz 1 bei der Talstation der Ochsenkopf-Schwebebahn.
Bus/Bahn: Busverbindung.
Gehzeiten: 3 Stunden.
Charakter: Waldwanderung zu den meistbesuchtesten Orten auf dem Ochsenkopf. Panoramablicke.
Einkehr: Ochsenkopfhaus (Mi Ruhetag), Asenturm (Do Ruhetag).

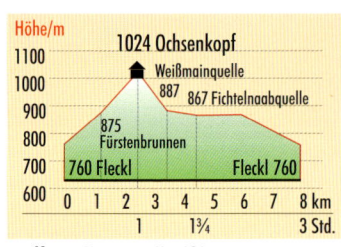

Karte: Kompass Nr. 191.

»Endlich kamen wir auf den Gipfel des Ochsenkopfes. Wir hatten schon unterwegs vielen Schnee gefunden, oben lag noch sehr viel. Auf dem Gipfel war nichts als wild durcheinander geworfene Klippen, die dem Berge dort oben ein sonderbares Aussehen geben. Es war oben ziemlich kalt.«
Ludwig Tieck, 1793

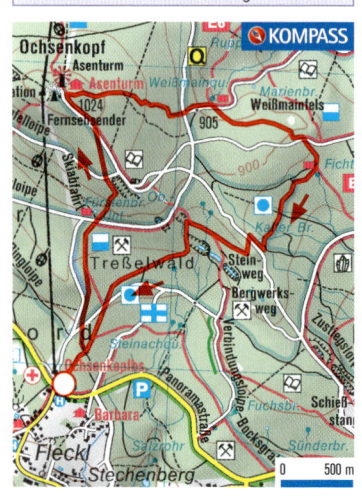

Eine angenehm leichte Tour, falls man die Ochsenkopf-Schwebebahn benutzt. Dann verkürzt sich die Strecke auf etwa 2 Stunden. Wer sich den Gipfel erwandern will, folgt ab Parkplatz 1 bei der Schwebebahn-Talstation in **Fleckl** dem blau-weißen Rechteck. Es führt unmittelbar am Gasthof Ochsenkopfhaus vorbei auf einen Pfad und zum **Fürstenbrunnen** hinauf, quert dort die so genannte Obere Ringstraße, steigt dann sehr steil an. Noch eine Forststraße wird gequert, in die nächste links eingebogen. Dann ist gleich der **Asenturm** auf dem **Ochsenkopf** erreicht.

Wanderer, die mit der Schwebebahn auf den Gipfel fahren, haben nach wenigen Metern den **Asenturm** erreicht. Hier rechts (schwarzes M auf gelbem Grund). Auf steinigem Weg am Abzweig zum Goethefelsen vorbei und

FICHTELGEBIRGE

Die untere Fürstenquelle.

bergab. Eine Forststraße (Obere Ringstraße) queren. An der links des Weges liegenden **Weißmainquelle** vorbei zur nahen Schutzhütte. Rechts ab (schwarzes Q auf gelbem Grund) und zum **Weißmainfelsen,** eine Granitfelsengruppe mit Aussichtswarte. Hier rechts bergab. Eine Forststraße queren und geradeaus zur nahen, rechts des Weges liegenden **Fichtelnaabquelle.** Hier rechts. Zurück nach Fleckl leitet nun der blaue Punkt. Auf einem Pfad zu einem Forstweg und links. Am **Kalten Brunnen** vorbei zum Querweg und rechts bergan. Achtung! Nach etwa 200 m links auf einen Pfad. Zum Querweg und rechts. Über einen Bach. An der Station 4 »Köhlerplatte« des Köhler-, Hirten- und Steinhauerweges vorbei. *Achtung!* Folgenden Abzweig rechts. Zu einem Querweg hinauf und links. Auf den folgend rechts abzweigenden Pfad. Zu einem Forstweg hinab. Kurz rechts talwärts, dann rechts auf einen Pfad. Rechts versetzt einen Forstweg queren. Zu einer Forststraße hinab und rechts. Nach 20 m links auf einen Pfad und zu einer Gabelung. Hier links und an mächtigen Felsen vorbei nach **Fleckl,** das wir beim Gasthof Ochsenkopf erreichen.

> »Sehr merkwürdig war es mir, mitten in der Waldung hier einen der größten Flüsse Deutschlands in seiner Wiege zu finden. Wir sahen die Quelle des Weißen Mains, der aus einer ummauerten Höhlung eine kleine Spanne breit im Grase herabrinnt. Ich setzte mich an die Quelle, trank etwas daraus, stellte mich wie der Kolossus über den jugendlichen Strom und versuchte, seinen ganzen Reichtum von Wasser mit der Hand aufzuhalten.«
> Wilhelm Heinrich Wackenroder, 1793

FICHTELGEBIRGE

22

Sophienthal – Kattersreuth – Dreihirtenstein
Durch die Königsheide

Ausgangspunkt: Wanderparkplatz Schwarze Brücke bei Sophienthal, Ortsteil der Gemeinde Weidenberg.
Bus/Bahn: Nein.
Gehzeiten: 4 Stunden.
Charakter: Erholsame Waldwanderung auf überwiegend befestigten Wegen.
Einkehr: Sophienthal.
Karte: Kompass Nr. 191.

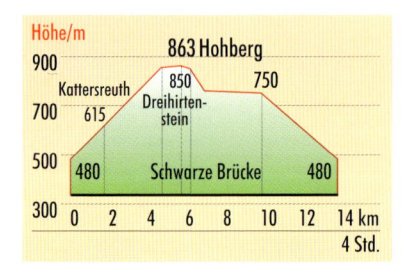

Die sagenumwobene **Königsheide** ist ein dem Ochsenkopf südwestlich vorgelagerter Höhenrücken. Es ist keine Heide, sondern ein dicht bewaldetes und teilweise sumpfiges Hochplateau. Charakteristisch sind die vielen Krüppelkiefern, mit denen 1848 die abgeholzten Flächen wieder aufgeforstet wurden.

Vom **Wanderparkplatz Schwarze Brücke** über die Steinach und über die Straße (weißes W auf rotem Grund des Westweges). Berg-

Saftige Wiesen sind rar im Fichtelgebirge.

an und über **Wildenreuth** nach **Kattersreuth.** Rechts ab, am Waldrand entlang und an einer Hütte vorbei bergan. In den Wald und den Kleeleitenbach querend zu einer Forststraße. Links zur Kreuzung mit dem Gedenkstein für den Forstwart Popp, der 1920 von einem Wilderer erschossen wurde. Hier rechts (blaues Dreieck). Zum Mittelpunkt der **Königsheide** hinauf (854 m) und weiter in bisheriger Richtung. Am rechts des Weges versteckten Jungfernbrunnen vorbei auf den **Hohberg,** dem höchsten Punkt der Königsheide mit dem Grenzstein Mahlsack. Weiter in bisheriger Richtung zum Nemmersdorfer Weg.

Hier rechts. (Zuvor führt ein Abstecher links zum etwa 100 m entfernten **Dreihirtenstein.** Der Sage nach haben sich bei dem alten Grenzstein einst drei Hirten gegenseitig umgebracht.) Nach etwa 250 m rechts halten (blauer Senkrechtbalken) und somit das blaue Dreieck verlassen. Ca. 300 m bergab, dann rechts auf eine unmarkierte Forststraße. Folgende Querstraße rechts (Bergstraße, Nr. 8, Wegweiser: Sophienthal 5 km).

Etwa 1,25 km bergab zu einer Gabelung. Hier links und weiter bergab. Nach etwa 700 m links ab. Der scharfen Rechtskurve folgen, dann rechts auf den Hühnleinsweg (Nr. 3, gelber Ring) und ins Tal zur Straße Warmensteinach – Bayreuth. Hier rechts. Nach ca. 300 m links zum Ausgangspunkt zurück.

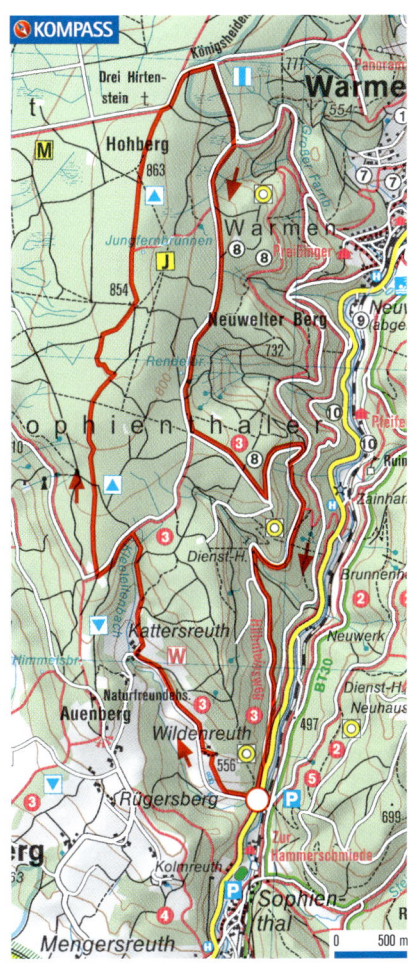

FICHTELGEBIRGE

23

Goldkronach – Schmutzlerzeche – Brandholz
Auf dem Humboldt-Weg

Ausgangspunkt: Wanderparkplatz beim Friedhof.
Bus/Bahn: Busverbindung.
Gehzeiten: 2¾ Stunden.
Charakter: Abwechslungsreiche Waldwanderung auf schmalen Pfaden und breiten Wegen. Zahlreiche Infotafeln. Fernblicke.
Einkehr: Goldkronach.
Karte: Kompass Nr. 191.

Der Humboldt-Weg führt durch das historische Bergbaurevier zu noch sichtbaren Grubenbauten, wie Stollenmündern, Schächten und Halden. Der Weg besteht aus zwei in sich geschlossenen Abschnitten. Teil 1 führt auf die Südseite des Goldberges, Teil 2 führt auf die Nordseite und durch den alten Bergort Brandholz ins Tal des Zopattenbaches. Bei der Wegbeschreibung wurden nur einige der insgesamt 40 Stationen erwähnt. Höhepunkt ist eine Erkundung des Besucherstollens Schmutzler. Er ist vom 1. Mai bis zum 30.Sept jeden So von 10.00 bis 16.00 Uhr geöffnet.

Vom Wanderparkplatz beim Friedhof von **Goldkronach** dem Wegweiser Humboldtweg/Schmutzlerzeche folgen. Auf der ganzen Strecke leitet ein Bergwerkszeichen. Mit Asphalt unter den Füßen bergan und den ersten Kiesweg rechts. Talwärts. Auf breitem Weg

Alexander von Humboldt, der berühmte Naturforscher und Gelehrte, war von 1973 bis 1796 als preußischer Bergbeamter in den drei Bergamtsrevieren Goldkronach, Naila und Wunsiedel tätig. 1794 schrieb er an seinen Freund Carl Freiersleben: »In Goldkronach besonders bin ich glücklicher, als ich je wagen durfte zu glauben.« Die letzte Bergbauepoche in Goldkronach endete 1925.

Eingang zum Mittlerer Name Gottes Stollen.

im Waldschatten am Berghang entlang. Den schmalen Querweg links. Steil auf die freie Höhe zum Bauernhof hinauf und rechts auf den Asphaltweg. Zum **Wanderparkplatz** und rechts auf den Kiesweg. Am links liegenden **Tag- und Förderschacht Ritter St. Georg** vorbei. Ein Abstecher führt rechts zur **Name Gottes Zeche.** Weiter auf breitem Schotterweg durch den Fichtenwald zu einem Gabelwegweiser, rechts und steil bergab zur **Schmutzlerzeche** mit Schutzhütte und Humboldtbrunnen. Hier rechts. An der Zeche **Mittlerer Name Gottes** mit Nachbau eines frühzeitlichen Röstofen (Abstecher) vorbei zur nahen Hütte über dem Goldbergwerk **Mittlerer Tagesstollen Name Gottes.** Hinter der Hütte rechts und steil bergan. Einen Schotterweg queren, am **Förderschacht Ritter St. Georg** vorbei zum Schotterweg zurück und rechts zum bekannten **Wanderparkplatz.** Den Asphaltweg queren und weiter auf Schotter zum nahen **Garber-Goepel-Schacht.** Links auf einen Pfad, der bald links talwärts zieht. Einen Umgehungsweg queren und am **Ferber Schacht Rösche** vorbei. Einen Waldweg querend zur Asphaltstraße. Nun rechts zum ersten Haus und scharf links auf einen Wiesenweg. Rechts haltend nach **Brandholz** hinein. Beim **Alten Schacht** vorbei bergab.

Auf die Straße Fürstenzeche, aber gleich rechts auf einen heckenbegrenzten Pfad. Gleich, bei der **Schmidtenschacht Halde,** links halten. Zum Asphaltweg und rechts zur Kreuzung hinauf. Links und am **Pochkanal und Wasserschloss** vorbei. Bergab zur Gabelung beim **Poch- und Waschwerk** und links auf die Bergwerksstraße. Am **Schmidtenstollen** vorbei (Straße Fürstenzeche) zur Querstraße beim **Schmidtenweiher** und links (Hirschhornstraße).

Die Zoppatenstraße queren und bergan durch den Wald. Zur Gabelung bei der Station **Silberne Rose,** links und steil bergan. Auf einsetzendem Schotter an einem Acker vorbei auf die Höhe. Schräg einen Wirtschaftsweg queren und steil bergab zu einem Schotterweg. Links zum Wanderparkplatz beim Friedhof zurück.

FICHTELGEBIRGE

24

Bad Berneck – Burgruine Neu-Wallenrode – Hohe Warte
Hoch über dem Ölschnitztal

Ausgangspunkt: Großparkplatz Anger am südlichen Ortsrand von Bad Berneck.
Bus/Bahn: Busverbindung.
Gehzeiten: 3½ Stunden.
Charakter: Auf und ab durch Wald und offene Flur. Herrliche Fernblicke.
Einkehr: Bad Berneck.
Karte: Kompass Nr. 191.

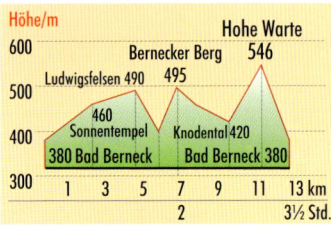

Von den Höhen über dem Ölschnitztal genießen wir hervorragende Ausblicke, aber auch sonst hat die Strecke einiges zu bieten, unter anderem einen Dendrologischem Garten und eine Burgruine. Wir folgen dem Rundwanderweg Thiesenring. Er ist mit einer Tanne auf weißem Grund markiert. Zusätzlich helfen Wegweiser bei der Orientierung.

Vom **Parkplatz Anger** in **Bad Berneck** über den Ölschnitzsteg zum **Kurmittelhaus** und durch den **Dendrologischen Garten**, auch Rotherspark genannt. Am Eingang zum still gelegten **Bergwerk Beständiges Glück** vorbei. Bei der Alaun-Kaue links und auf der Siemensstraße geradeaus zum **Soldatendenkmal**.
Nun am Hang entlang durch ein Seitental der Ölschnitz Richtung Bärnreuth. Über den Bach, die

> Der **Dendrologische Garten** wurde im 19. Jh. von Wilhelm Rother, einem Fabrikanten aus Waldsassen errichtet. Er ließ die Schutthalde des stillgelegten Bergwerks Beständiges Glück unter großem Aufwand in einen Park verwandeln. Im Bergwerk wurde vom 15. bis ins 19. Jh. Alaunschiefer abgebaut.

FICHTELGEBIRGE

Am Marktplatz in Bad Berneck.

Straße links versetzt queren und steil auf den **Freiheitsfelsen** hinauf. Ein Abstecher führt links zum Aussichtspunkt **Sonnentempel.** An einer Wiese entlang, über einen Bach und den Gegenhang hinauf zur links des Weges gelegenen **Schönen Aussicht.** Weiter am Steilhang entlang und am **Niehrenheimfelsen** vorbei zum **Ludwigsfelsen.**

An einer Schutzhütte vorbei ins **Ölschnitztal** hinab, über den Bach und auf den **Bernecker Berg** hinauf. Erst am Waldrand entlang, dann links in den Wald und am Aussichtspunkt Engelsburg vorbei zu einer Gabelung. Ein kurzer Abstecher führt zur oberhalb gelegenen **Burgruine Neu-Wallenrode,** bevor es hinab ins **Knodental** geht.

Über den Knodenbach und über die B2. Erst bergan, dann geradeaus haltend durch Wald und an Wiesen entlang zum Aussichtsturm auf der **Hohen Warte.** Nun den Wegweisern Richtung Bad Berneck zum **Rothersfels** folgen, dann steil zum Waldrand hinab und zum **Parkplatz Anger** zurück.

In Bad Berneck.

FICHTELGEBIRGE

25

Marktschorgast – Neuenmarkt

Auf dem Eisenbahnlehrpfad »Schiefe Ebene«

Ausgangspunkt: Bahnhof Marktschorgast.
Bus/Bahn: Bahnverbindung.
Gehzeiten: 2 Stunden.
Charakter: Überwiegend ebene Wege mit kurzen Steigungen.
Einkehr: Neuenmarkt.
Karte: Kompass Nr. 191.

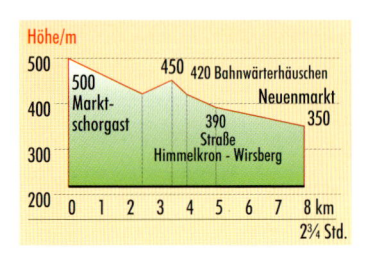

Diese Wanderung führt entlang der Schiefen Ebene auf dem eisenbahntechnischen und baugeschichtlichen Lehrpfad nach Neuenmarkt. Die Schiefe Ebene ist Teil der 1844-1848 erbauten Eisenbahnstrecke Bamberg – Hof und die erste europäische Eisenbahnsteilstrecke. Sie überwindet zwischen Neuenmarkt und der Bergstation Marktschorgast auf einer Länge von lediglich 8 km ei-

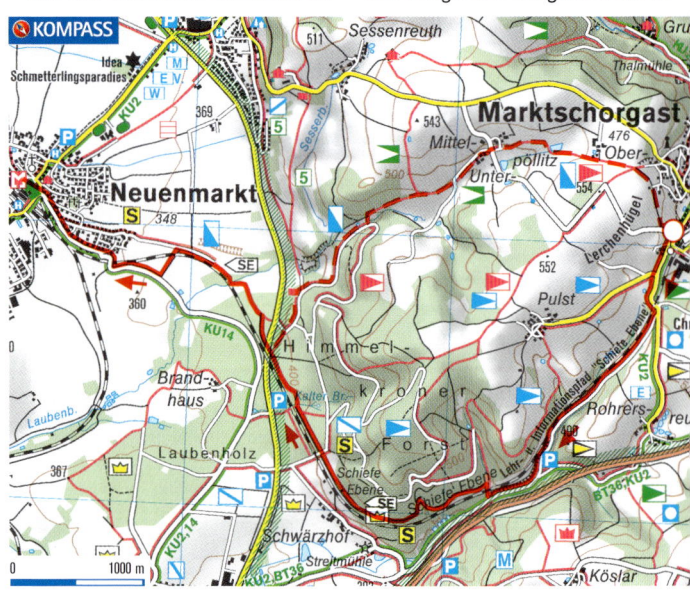

FICHTELGEBIRGE

Der Bahnhof Markt Schorgast.

nen Höhenunterschied von 158 m. Die Strecke ist mit einem Dampfloksymbol markiert.

Vom **Bahnhof Marktschorgast** entlang der Bahnhofstraße ortsauswärts zur nahen Bernecker Straße und links Richtung Bad Berneck. Vor der Brücke über die Bahnstrecke rechts ab und an der Kirche vorbei. Erst auf Wiesenpfad, dann auf Teerweg bergab. Durch eine Bahnunterführung, kurz auf der Straße Richtung Himmelkron, dann rechts ab.

Zwischen Bahnstrecke und Autobahn bergab. Ein Abstecher führt durch eine Unterführung zu einem Aussichtspunkt. Bald bergan, erneut durch eine Unterführung und die **Schiefe Ebene** hinab. Erst wird die Straße Himmelkron – Wirsberg und noch einmal die Bahnstrecke gekreuzt, dann geht der Lehrpfad in einen Fahrweg über und führt zum **Bhf. Neuenmarkt.** (Variante: Vor der Straße Himmelkron – Wirsberg rechts ab und mit diagonal geteiltem blau-weißen Rechteck über Mittelpöllitz nach Marktschorgast zurück.)

> Das **Deutsche Dampflokomotiv-Museum** am Fuße der Schiefen Ebene zeigt rund 30 alte Zugmaschinen und eine Modellbahnanlage der Schiefen Ebene im Maßstab 1:87. Kernstück des Museums ist der Lokschuppen mit der Segmentdrehscheibe des ehemaligen Bahnbetriebswerks Neuenmarkt-Wirsberg. Besondere Attraktionen sind Fahrten auf dem Führerstand einer Dampflok oder mit der Kleinbahn im Freigelände. Öffnungszeiten: Di.-So. u. Feiertag 10.00-17.00
> Info: Deutsches Dampflokomotiv-Museum, Birkenstr. 5, 95339 Neuenmarkt, Tel. 09227-5700 (www.dampflokmuseum.de).

FICHTELGEBIRGE

26

Gefrees – Wetzsteinfelsen – Egerquelle
Spuren alter Straßen

Ausgangspunkt: Pfarrkirche Gefrees.
Bus/Bahn: Busverbindung.
Gehzeiten: 5 Stunden.
Charakter: Erholsame Waldwanderung auf breiten Wegen und Pfaden. Kräftige Steigungen, Fernblicke.
Einkehr: Gefrees.
Karte: Kompass Nr. 191.

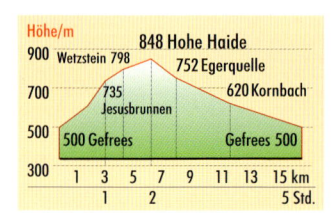

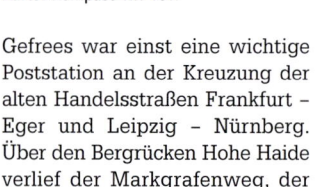

Höhe/m							
900	Wetzstein 798		848 Hohe Haide				
700					752 Egerquelle		
		735 Jesusbrunnen			620 Kornbach		
500	500 Gefrees					Gefrees 500	
300	1	3	5	7	9	11	13 15 km
		1		2			5 Std.

Gefrees war einst eine wichtige Poststation an der Kreuzung der alten Handelsstraßen Frankfurt – Eger und Leipzig – Nürnberg. Über den Bergrücken Hohe Haide verlief der Markgrafenweg, der von Bayreuth zum Jagdschloss des Markgrafen nach Kaiserhammer führte. Landschaftlicher Höhepunkte dieser Tour sind der Wetzsteinfelsen mit Aussichtspavillon und die Egerquelle.
Ausgehend von der Pfarrkirche in **Gefrees** dem Wanderwegweiser

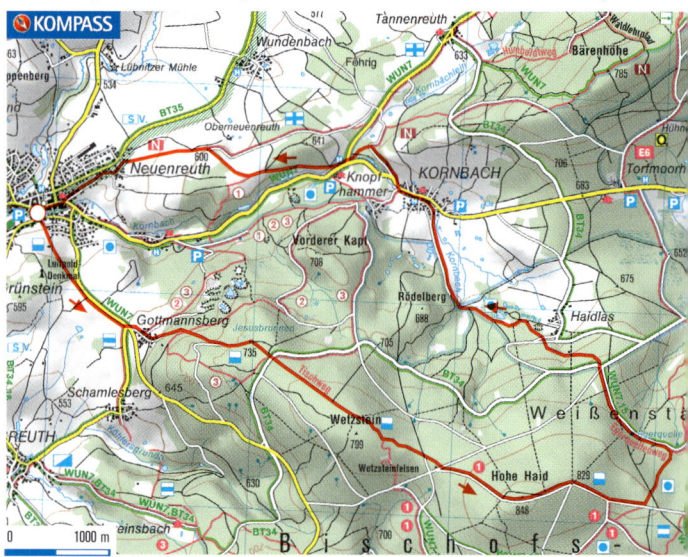

FICHTELGEBIRGE

Die Egerquelle.

in die Straße Richtung Metzlersreuth folgen. Bis hinter die Hohe Haide leitet nun das weiß-blau geteilte Rechteck. Über den Bach, gleich links auf die Hch. Christ. Funck-Str. und sofort rechts in folgende Gasse. Einen Hohlweg bergan. An Kellern vorbei, bald links auf eine Treppe und aus dem Ort. Am Waldrand links, durch den Wald zur Straße und rechts nach **Gottmannsberg.**

Steil bergan durch den Ort und wieder in den Wald. Nun den Wegweisern zum **Jesusbrunnen** folgen, der sich etwas abseits des Wanderweges versteckt.

Zurück zum Wanderweg und weiter bergan. Drei Forststraßen queren und geradewegs am **Wetzsteinfelsen** vorbei, der einen Abstecher lohnt.

Nun immer steiler werdend auf die **Hohe Haide** hinauf. Der Weg wird eben, fällt dann sanft ab. Über eine Kreuzung zu einer Gabelung und links. Etwa 450 m vor der Straße nach Bischofsgrün links ab (blauer Punkt). Zur **Egerquelle** und auf breitem Weg durch den Wald Richtung Gefrees. Oberhalb von **Haidlas** entlang, über eine Lichtung und wieder in den Wald. Nach **Kornbach** hinein und den blauen Punkt verlassend entlang der Durchfahrtsstraße Richtung Bischofsgrün. Kurz hinter dem Ortsende rechts ab und durch den Wald Richtung Tannenreuth. Nach ca. 500 m erreichen wir den Nordweg (N auf rotem Grund) und biegen links ein. Bergab, an Fischteichen vorbei zur Straße zurück und rechts. Am Abzweig nach Zell vorbei. In Höhe vom Kopfhammer rechts ab. Bergan durch den Wald in die Flur zu einer Gabelung. Rechts zu einem Fahrweg und links (N, blaues Kreuz) nach **Gefrees** zurück.

FICHTELGEBIRGE

27

Bischofsgrün – Hügelfelsen – Oberes Weißmaintal
Auf dem Panorama-Rundwanderweg

Ausgangspunkt: Rathaus Bischofsgrün.
Bus/Bahn: Busverbindung.
Gehzeiten: 3 Stunden.
Charakter: Auf Pfaden und ebenen Wegen im Waldschatten und durch offene Flur rund um die Stadt. Panoramablicke.
Einkehr: Bischofsgrün.
Karte: Kompass Nr. 191.

Der **Bischofsgrüner Märchenwanderweg**, ein Rundweg von 2 km Länge, eignet sich besonders für einen Spaziergang mit Vorschulkindern. Er ist auch mit dem Kinderwagen befahrbar. An 14 Plätzen stehen Bildtafeln, die sich den bekannten Märchen widmen. Der Weg beginnt am Ende der Straße Am Hügelfelsen mit »Der Wolf und die sieben Geißlein«. Dort bietet sich vom Hügelfelsen eine beeindruckende Aussicht auf die Stadt.

Der Panorama-Rundwanderweg schenkt stets aufs Neue herrliche Ausblicke auf die Stadt, den Ochsenkopf und den Schneeberg. Viele Abzweigungen verlangen erhöhte Aufmerksamkeit.

Wir verlassen das Rathaus in **Bischofsgrün** auf der Ochsenkopfstraße, biegen in die Straße Am Hügelfelsen ein und passieren die Station »Der Wolf und die sieben Geißlein« des **Märchenwanderweges.** Nun leitet der gelbe Ring auf weißem Grund.

Folgenden Abzweig links. Am Aussichtspunkt **Hügelfelsen** vorbei zur Forststraße bei der Station »Aschenputtel«. Hier links. Nach etwa 100 m links auf einen Pfad. Zum gekiesten Querweg und links. Die **Ochsenkopf-Schanze** zweimal unterquerend zur Karchesstraße hinab und links. Erneut die Schanze unterqueren und nach 50 m rechts auf Pfad. Zum Spielplatz hinab und rechts auf den Christoph-Seidel-Weg. Die **Ochsenkopf-Schwebebahn** unterqueren,

FICHTELGEBIRGE

Blick vom Hügelfelsen auf Bischofsgrün.

die **Sommerrodelbahn** queren und geradeaus. Auf dem **Naturlehrpfad Oberes Weißmaintal** durch den Wald zum **Weißen Main.** Auf einem Steg über den rauschenden Bach. Einen Pfad steil zur Forststraße hinauf und links bergan.

Beim **Sport-Hotel Kaiseralm** die Wunsiedler Straße links versetzt queren und auf einem Pfad durch das Waldstück oberhalb des Hotels. Die Fichtelgebirgsstraße (B 303) queren, geradeaus am Waldrand entlang zu einer Ruhebank und links. Auf einem Wiesenpfad in bisheriger Richtung in die Waldecke. 50 m links bergab, dann rechts auf einen Pfad und in den Wald. Nach 30 m links. Auf einer Forststraße bergab. Den Kroppenbach queren und wieder bergan. Am **Ehrenfriedhof** vorbei und geradeaus über eine Kreuzung. Zur Kreuzung in der Waldecke und rechts bergan Richtung Hohe-Haid. Folgenden Querweg links und bergab. Geradeaus auf eine Teerstraße.

Zur Linkskurve bei einem Teich und rechts. In den Wald hinauf zur nahen Kreuzung und links. Der Pfad bleibt erst nah am Waldrand, macht einen Links-, Rechtsschwenk, führt an einer Wiese entlang und wieder in den Waldschatten. Dann weist der gelbe Ring nach links auf einen Pfad. Zum nahen Querweg hinab und rechts. Etwa 100 m in den Wald hinauf, dann links auf einen Waldweg und bergab in die Waldecke. Hier rechts, dann links und einen Forstweg hinab. Zum Waldrand und rechts auf schmalen Waldweg. Dem Wegweiser in den Ortsteil **Rangen** folgen.

Die Straße queren, über den **Weißen Main** und rechts bergan zum Querweg am Waldrand. Rechts zur B 303 im Ortsteil **Glasermühle** hinab. Die Straße nach Bischofsgrün queren und den geschotterten Forstweg hinauf. Bald mit Blick auf den Ochsenkopf an einer Wiese entlang. Nun geradeaus zur Ruhebank unter einer alten Buche und gleich links auf einen Wiesenweg. Zum Querweg und links. Folgenden Abzweig rechts und bergan. An der Bergstation des Lifts vorbei zur Asphaltstraße und rechts. Folgende Kreuzung links und am Sportplatz entlang zur **Barbarahütte.** Links bergab zum Ortsrand. Rechts auf den Weg Zum Schwimmbad und zur Ochsenkopfstraße.

Der gelbe Ring führt nun auf kurzem, aber verzwicktem Weg zum Hügelfelsen zurück. Wir können gleichwohl der Ochsenkopfstraße in den Ort folgen.

FICHTELGEBIRGE

28

Bischofsgrün – Ochsenkopf – Weißmainquelle – Karches
Über Berg und Tal

Ausgangspunkt: Rathaus Bischofsgrün.
Bus/Bahn: Busverbindung.
Gehzeiten: 3½ Stunden.
Charakter: Steinige Pfade und ebene Forstwege, dichter Wald, Panoramablicke und ein wild rauschender Bach.
Einkehr: Asenturm (Do Ruhetag), Waldhaus Karches (Do Ruhetag).
Karte: Kompass Nr. 191.

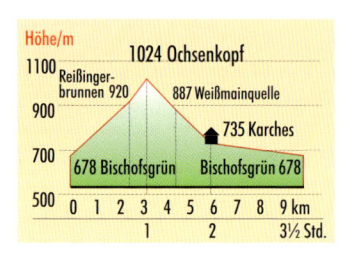

Während des steilen Aufstiegs auf den Ochsenkopf können wir uns am Reißingerbrunnen erfrischen. Dann bringt uns eine letzte Anstrengung auf den Gipfel. Der Weg nach Karches fällt vergleichsweise leicht. Im Weißmaintal erwartet uns aber wieder ein schwieriger Pfad. Er kann nach Regenfällen sehr rutschig sein. Festes Schuhwerk ist unbedingt erforderlich.

Wir verlassen das Rathaus in **Bischofsgrün** auf der Ochsenkopfstraße und wandern am **Hotel Berghof** vorbei in den Wald hi-

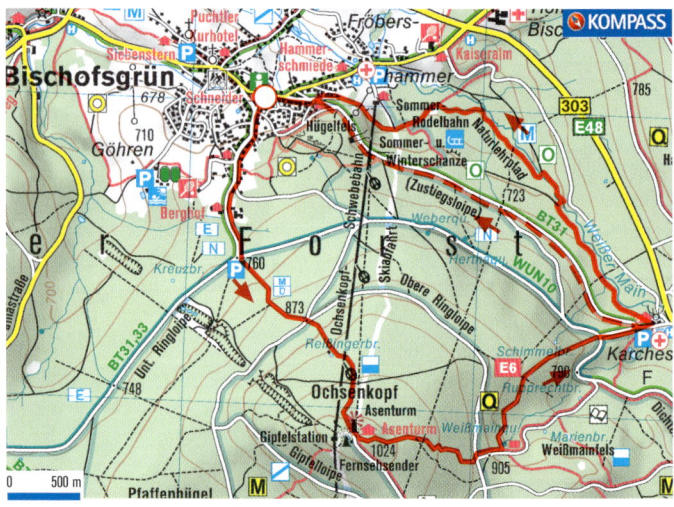

FICHTELGEBIRGE

Der 17 m hohe Asenturm auf dem Ochsenkopf.

nauf. Bis auf den Ochsenkopf leitet nun das weiß-blaue Rechteck. Eine Forststraße (untere Ringstraße) queren und auf einem holprigen Pfad bergan. Die obere Ringstraße queren und am **Reisinger Brunnen** vorbei. Die Ochsenkopf-Schwebebahn unterqueren und auf steinigem Pfad auf den **Ochsenkopf** hinauf. Ein Abstecher führt einem Wegweiser folgend nach rechts zum Wahrzeichen des Berges, ein in den Fels gehauener Ochsenkopf. Zurück zum Wanderweg und zum nahen **Asenturm.**

Hier rechts (schwarzes M auf gelbem Grund). Auf steinigem Weg am Abzweig zum Goethefelsen vorbei und bergab. Eine Forststraße (obere Ringstraße) queren und zur **Weißmainquelle** hinab. Weiter mit blauem M auf weißem Grund und schwarzem Q auf gelbem Grund stetig bergab nach **Karches.**

Nun entweder vor dem **Waldhaus Karches** links auf den breiten Forstweg (Karchesstraße, grüner Ring) und geradeaus ohne Anstrengung nach Bischofsgrün zurück oder am Gasthaus vorbei, links ab und auf dem Naturlehrpfad (grüner Ring und blaues M auf weißem Grund) am wild rauschenden **Weißen Main** entlang nach **Bischofsgrün** zurück.

Das **Waldhaus Karches,** einst Forsthaus, ist heute Gaststätte. Anfang des 18. Jhds. befand sich hier ein Hochofen zur Verhüttung von Eisenglimmer. Der See diente früher als Stauweiher für die Flößerei. Er erhielt erst beim Bau der Fichtelgebirgsstraße seine jetzige Größe.

FICHTELGEBIRGE

29

Bischofsgrün – Schneeberg – Karches

Über den höchsten Gipfel ins Weißmaintal

Ausgangspunkt: Rathaus Bischofsgrün.
Bus/Bahn: Busverbindung.
Gehzeiten: 5¼ Stunden.
Charakter: Waldwanderung mit kräftigen Steigungen. Breite Forststraßen und schmale Pfade. Herrlicher Fernblick vom Schneeberggipfel.
Einkehr: Bischofsgrün, Waldhaus Karches (Do Ruhetag).
Karte: Kompass Nr. 191.

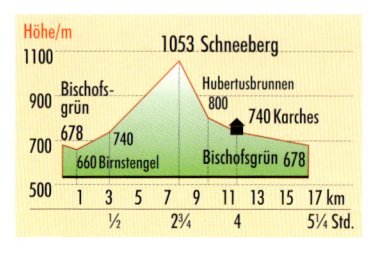

Der **Schneeberg** ist mit 1053 m der höchste Gipfel des Fichtelgebirges. Höchster Punkt ist das Backöfele, eine sieben Meter hohe Granitwand mit Aussichtsturm, an dessen Stelle sich wohl einst die Feuerstelle eines Wachturmes befand. Am Nordwesthang steht der Tausendmeterstein (1000 m), am Nordhang sprudelt der Schneebergbrunnen, mit 991 m die höchstgelegene Quellfassung. Die Gipfelregion war über Jahrzehnte militärisches Sperrgebiet und ist erst wieder seit 1996 zugänglich.

Der Aufstieg auf den Schneeberg ist steil, folgt aber überwiegend breiten Wegen. Ab Karches wird die Wanderung schwieriger. Dort, im Weißmaintal, erwarten uns wurzelreiche Pfade und rutschige

FICHTELGEBIRGE

Der Aussichtsturm Backöfele auf dem Schneeberg.

Steine. Bei nassem Wetter ist die breite Karchesstraße eine gute Alternative.

Vom Rathaus in **Bischofsgrün** durch den Kurpark zur Birnstengeler Straße und rechts auf den Gehweg. Bis auf den Schneeberg leitet nun das weiße Dreieck auf blauem Grund. Die B 303 vorsichtig queren und nach **Birnstengel** hinein. Zum Gasthaus Käppel, rechts ab und geradewegs aus dem Ort. Durch den Wald zu einer Forststraße und rechts. Die Straße Bischofsgrün – Weißenstadt queren. Nach 200 m, beim Wasserbehälter links. Zur nächsten Forststraße hinauf und rechts. Am Abzweig zum **Haberstein** vorbei. Er ist das größte zusammenhängende Basaltblockmeer im Fichtelgebirge und lohnt einen Abstecher.

Weiter auf der Forststraße zur nächsten Gabelung und links. Am **Tausendmeterstein** vorbei zum **Schneebergbrunnen.** Hier rechts und zum **Aussichtsturm Backöfele** auf den **Schneeberg** hinauf. Nun leitet das weiße H auf rotem Grund des Höhenweges.

Steil bergab zu einer Forststraße. Hier links, aber gleich wieder rechts. Dann gleich rechts auf einen Pfad (blauer Punkt). Eine Forststraße querend auf einen breiten Weg und bergab. Rechts auf die nächste Forststraße. Am **Hubertusbrunnen** vorbei. Nach etwa 500 m links ab (blauer Punkt, schwarzes Q auf gelbem Grund). Vorsichtig die B303 queren.

Nun entweder auf schwierigem Pfad am Weißen Main entlang (blaues M und grüner Ring) nach **Bischofsgrün** oder am **Waldhaus Karches** vorbei, gleich rechts auf die bequeme Forststraße (Karchesstraße) und nach **Bischofsgrün.**

FICHTELGEBIRGE

30

Bischofsgrün – Karches

Auf dem Naturlehrpfad Oberes Weißmaintal

Ausgangspunkt: Rathaus Bischofsgrün.
Bus/Bahn: Busverbindung.
Gehzeiten: 2¼ Stunden.
Charakter: Steinige Pfade im Weißmaintal. Auf ebenem Forstweg zurück.
Einkehr: Waldhaus Karches (Do Ruhetag).
Karte: Kompass Nr. 191.

Der Weg führt durch das idyllische Tal des Weißen Mains unmittelbar am Fluss entlang. Er kann nach Regenfällen sehr rutschig sein. Festes Schuhwerk ist unbedingt erforderlich. Hinweistafeln erläutern Fauna und Flora. Wir verlassen das **Rathaus Bischofsgrün** auf der Wunsiedeler Straße und schwenken rechts haltend in die Karchesstraße. (blaues M auf weißem Grund.) Links haltend auf den Christoph-Seidel-Weg. Die **Ochsenkopf-Schwebebahn** unterqueren, die **Sommerrodelbahn** queren und auf einsetzendem Naturlehrpfad durch den Wald zum **Weißen Main** hinab (grüner Ring, blaues M).
Rechts und am wild rauschenden Bach entlang. Auf einem Steg über einen Nebenbach. Über eine Brücke. Zur nächsten Brücke, links zur Forststraße hinauf und rechts. Nach 50 m rechts auf einen Pfad. Wieder am Bach entlang bis der Pfad links hinauf und zurück zur Forststraße führt. Hier rechts. Über den Weißen Main und über den Parkplatz hinweg zum **Waldhaus Karches.**
An der Gaststätte vorbei und gleich rechts ab (grüner Ring). Nun stets geradeaus auf der bequemen Forststraße (Karchesstraße) nach **Bischofsgrün**.

Im oberen Weißmaintal.

FICHTELGEBIRGE

Bischofsgrün.

Der **Weiße Main** entspringt in 887 m Höhe und fließt aus hellem Granitgestein, daher sein Name. Die Quelle ließ 1717 der Bayreuther Markgrafen Friedrich fassen und mit dem Zollernwappen versehen. Bei Kulmbach vereinigt sich der Weiße Main mit dem Roten Main und mündet nach 542 km als Main bei Mainz in den Rhein.

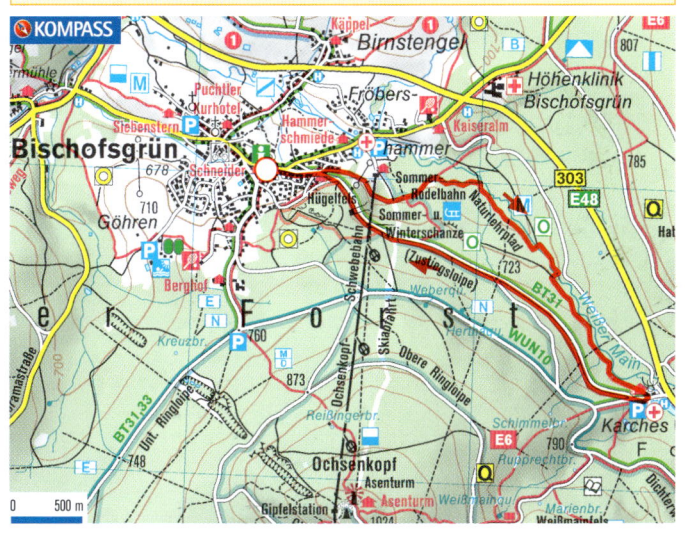

FICHTELGEBIRGE

31

Zell – Haidberg – Saalequelle

Auf Humboldts Spuren zum Magnetberg

Ausgangspunkt: Marktplatz Zell.
Bus/Bahn: Busverbindung.
Gehzeiten: 2¾ Stunden.
Charakter: Leichte Wanderung auf überwiegend breiten Wald- und Feldwegen. Fernblicke.
Einkehr: Zell.
Karte: Kompass Nr. 191.

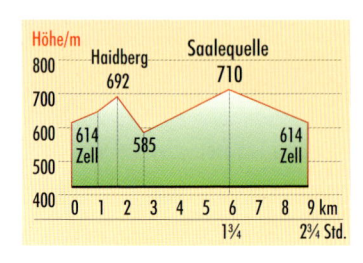

Von Zell haben wir schnell den Haidberg erreicht. Alexander von Humboldt entdeckte 1769 den Magnetismus des dortigen Serpentingesteins. Es ist so magneteisenhaltig, dass es die Kompassnadel tanzen lässt.

Vom Marktplatz in **Zell** steil hinab zur **Sächsischen Saale** und über die Brücke. Nun leitet der blaue Schrägstrich. Aus dem Ort, durch die Flur zum Sträßlein nach Oberhaid hinauf und links. Gleich nach dem versteckt liegenden und

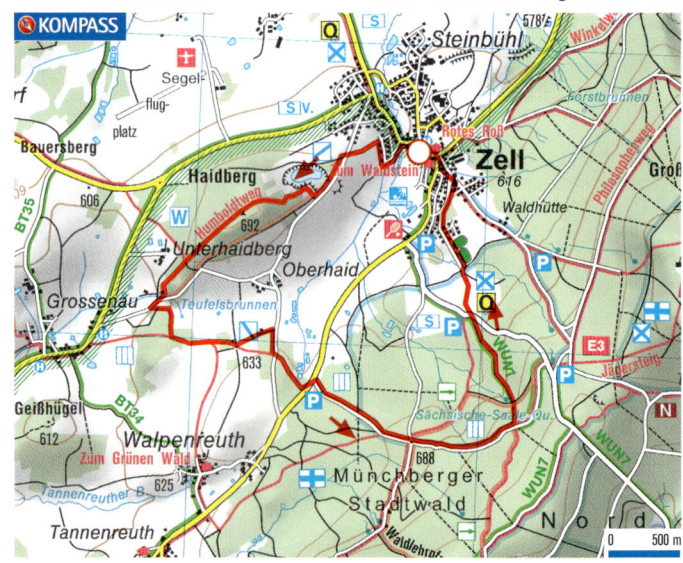

FICHTELGEBIRGE

Steinbruchsee am Haidberg.

nicht zugänglichen alten **Steinbruch** rechts ab. Dann links halten und auf den **Haidberg** hinauf. Durch den Wald bergab zum Weg Obernhaid – Grossenau. Hier rechts. Kurz vor dem bereits sichtbaren Grossenau scharf links (blaue Senkrechtbalken) und leicht bergan.

Aus dem Wald, zu einer Scheune und links. An einem Bauernhof vorbei zum Sträßlein Walpenreuth – Oberhaid. Hier rechts. Nach etwa 200 m links. Zur Straße Walpenreuth – Zell und links. Folgenden Abzweig rechts. In den Wald und bergan, bald begleitet von dem von links zu uns stoßenden blauen Kreuz. Über eine Kreuzung. Folgende Kreuzung links (schwarzes Q auf gelbem Grund). An der 1869 gefassten Quelle der **Sächsischen Saale** vorbei und weiter bergab zum Waldende. Eine Forststraße queren und am Sportplatz und am Soldatendenkmal vorbei zurück nach **Zell.**

Die **Naturpark-Infostelle** in Zell informiert über die Kulturlandschaft Fichtelgebirge und ihre Entstehungsgeschichte. Ein Wald-Diorama und Tierpräparate geben einen Einblick in die Tier- und Pflanzenwelt der Region. Öffnungszeiten:
Mo.-Fr. 8.00-12.00, Do. 14.00-18.00.
Info: Rathaus, Bahnhofstraße 10,
95329 Zell i. Lkr. Hof,
Tel. 09257-942-0 (www.markt-zell.de).

FICHTELGEBIRGE

32

Sparneck – Großer Waldstein – Kleiner Waldstein
Im Waldstein- Gebirge

Ausgangspunkt: Marktplatz Sparneck.
Bus/Bahn: Busverbindung mit Münchberg und Gefrees.
Gehzeiten: 3¾ Stunden.
Charakter: Waldwanderung auf Pfaden und breiten Forstwegen.
Einkehr: Waldsteinhaus (Di Ruhetag).
Karte: Kompass Nr. 191.

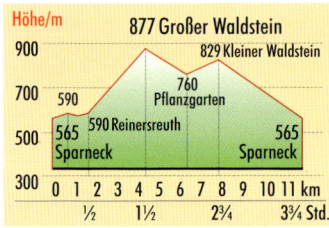

Höhepunkt dieser erholsamen Tour ist der Große Waldstein. Dort gibt es viel zu entdecken. Über den Kleinen Waldstein und an der Förmitzquelle vorbei wandern wir zurück.

Von der Kirche in **Sparneck** auf die Straße Marktplatz. Kurz ortseinwärts, dann links auf einen schmalen Weg und zur Humbertstraße hinab. Bis zum Großen

FICHTELGEBIRGE

Der sagenumwobene Teufelstisch.

Waldstein leitet nun der blaue Keil. Aus dem Ort und auf breitem Asphaltweg nach **Reinersreuth.** Die Straße nach Zell querend in den Ort. Erst rechts ab, dann links und auf einem Schotterweg in den Wald. Den Weg in seiner Rechtskurve geradeaus verlassen. Bergan zur nächsten geschotterten Forststraße und links bergan. Nach etwa 750 m rechts auf einen Pfad. Bergan zu einer Forstraße. Links zu einer Asphaltstraße. Kurz rechts, dann links auf einen Pfad und auf den **Großen Waldstein.** Nun leitet das rote H des Höhenweges. Am **Teufelstisch**, am **Roten Schloss** und am Aussichtspunkt **Schüssel** vorbei und durch den Wald zur Autostraße auf den Waldstein. Wir folgen ihr 150 m, verlassen sie dann nach links.
Beim Parkplatz Köhlerloh die Straße nach Sparneck queren und geradeaus auf breiter Forststraße. Bei einem Pflanzgarten über die Kreuzung. Nach 150 m rechts ab und auf meist wurzelreichem und steinigem Weg auf den **Kleinen Waldstein.** Nun bergab zu dem mit blauem Punkt markierten Weg. Hier links und mit dem blauen Punkt an der **Förmitzquelle** vorbei nach **Sparneck** zurück.

Der **Große Waldstein** trägt die Ruine einer 1523 zerstörten Burg, die wegen ihres ehemals roten Ziegeldaches Rotes Schloss genannt wird. Vor dem Hauptgebäude steht der so genannte Teufelstisch. Östlich erhebt sich der Granitfelsen Schüssel, der höchste Punkt des Waldsteingipfels. Der oberste Fels ist schüsselartig verwittert. Auf ihm steht ein kleiner Aussichtspavillon. Am Fuß der Schüssel erhebt sich die Ruine einer spätromanischen Burgkapelle (um 1300), an der Rückseite der Wendische Wall, die Reste der um 1100 angelegten älteren Burg. Unterhalb des Gipfels steht das Waldsteinhaus, ein bewirtschaftetes Unterkunftshaus des Fichtelgebirgsvereins. Am 150 m entfernten Weg nach Zell steht der Bärenfang (17. Jh.), in dem einst Bären für den markgräflichen Zwinger in Bayreuth eingesperrt wurden.

FICHTELGEBIRGE

33

Schönlind – Rudolfstein – Drei-Brüder-Felsen

Felsentürme und Matrazenlager

Ausgangspunkt: Wanderparkplatz am östlichen Ortsrand von Schönlind.
Bus/Bahn: Busverbindung.
Gehzeiten: 3 Stunden.
Charakter: Waldwanderung zu bizarren Felsformationen. Herrliche Panoramablicke.
Einkehr: Schönlind, Weißenhaider Mühle.

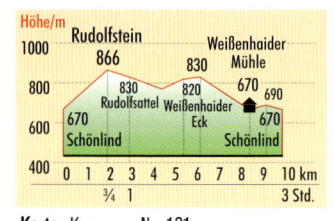

Karte: Kompass Nr. 191.

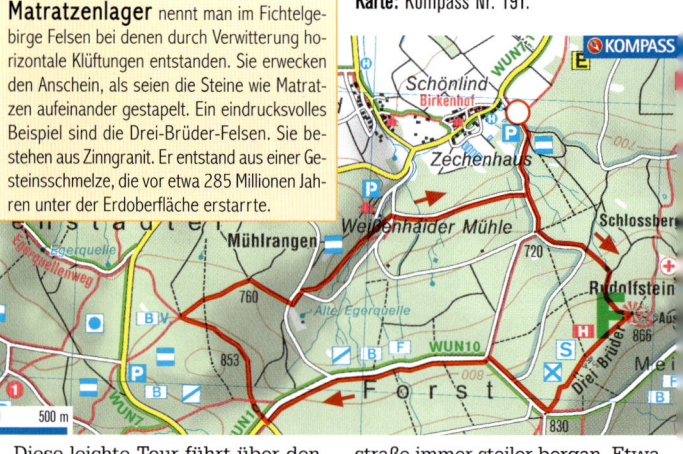

> **Matrazenlager** nennt man im Fichtelgebirge Felsen bei denen durch Verwitterung horizontale Klüftungen entstanden. Sie erwecken den Anschein, als seien die Steine wie Matrazen aufeinander gestapelt. Ein eindrucksvolles Beispiel sind die Drei-Brüder-Felsen. Sie bestehen aus Zinngranit. Er entstand aus einer Gesteinsschmelze, die vor etwa 285 Millionen Jahren unter der Erdoberfläche erstarrte.

Diese leichte Tour führt über den zerklüfteten Rudolfstein, der bestiegen werden kann, zu den Drei-Brüder-Felsen. Sie bestehen aus drei unverwechselbaren Türmen und gehören zu den bekanntesten Felsen im Fichtelgebirge.

Vom Wanderparkplatz am östlichen Ortsrand von **Schönlind** in den Wald (blauer Punkt). Auf breiter nach rechts ziehender Forststraße immer steiler bergan. Etwa 800 m zu einem Abzweig, links und weiter auf breitem Kiesweg bergan. Zur scharfen Rechtskurve, geradeaus auf einen unbefestigten Waldweg und zum **Rudolfstein** hinauf. Hier rechts (rotes H auf weißem Grund). An den **Drei-Brüder-Felsen** vorbei zur Wegspinne auf dem **Rudolfsattel**. Hier rechts (blauer Schrägstrich).

FICHTELGEBIRGE

Auf der Forststraße zur Kurve der auf den Schneeberg führenden Asphaltstraße am **Weißenhaider Eck.** Rechts auf einen Waldweg, eine Forststraße queren und sofort links auf einen unscheinbaren unbefestigten Waldweg. Er zieht bald links und über die Höhe zu einer Forststraße hinab. Hier rechts (zwei blaue Querbalken). Der Rechtskurve des Hauptweges folgen und zu einer gekiester Querstraße hinab. Hier links. Folgenden Abzweig rechts, aber sofort wieder links auf einen schmalen Waldweg und zur **Weißenhaider Mühle** hinab.

Auf einer Brücke über den Bach und auf einem Pfad zur Forststraße hinauf. Hier links. Folgenden Abzweig rechts. Auf breitem Kiesweg zum nächsten Querweg und links und auf bekanntem Weg nach **Schönlind** zurück.

Bei den Drei-Brüder-Felsen.

FICHTELGEBIRGE

34

Weißenstadt – Rudolfstein – Schneeberg

Auf dem Höhenweg zum höchsten Gipfel

Ausgangspunkt: Marktplatz Weißenstadt.
Bus/Bahn: Busverbindung.
Gehzeiten: 5 Stunden.
Charakter: Waldwanderung auf Forststraßen und Pfaden. Eindrucksvolle Felsformationen und herrliche Fernblicke.
Einkehr: Weißenhaider Mühle.
Karte: Kompass Nr. 191.

Diese ausgedehnte Schneebergwanderung berührt außer dem mächtigen Rudolfstein mit Aussichtskanzel auch die Drei-Brüder-Felsen. Sie bestehen aus drei unverwechselbaren Türmen und gehören zu den bekanntesten Felsen im Fichtelgebirge.

Wir verlassen den Marktplatz in **Weißenstadt** auf der Bayreuther Straße, queren die Eger, passieren rechter Hand den Kurpark mit In-

Die Bergwachthütte auf dem Schneeberg.

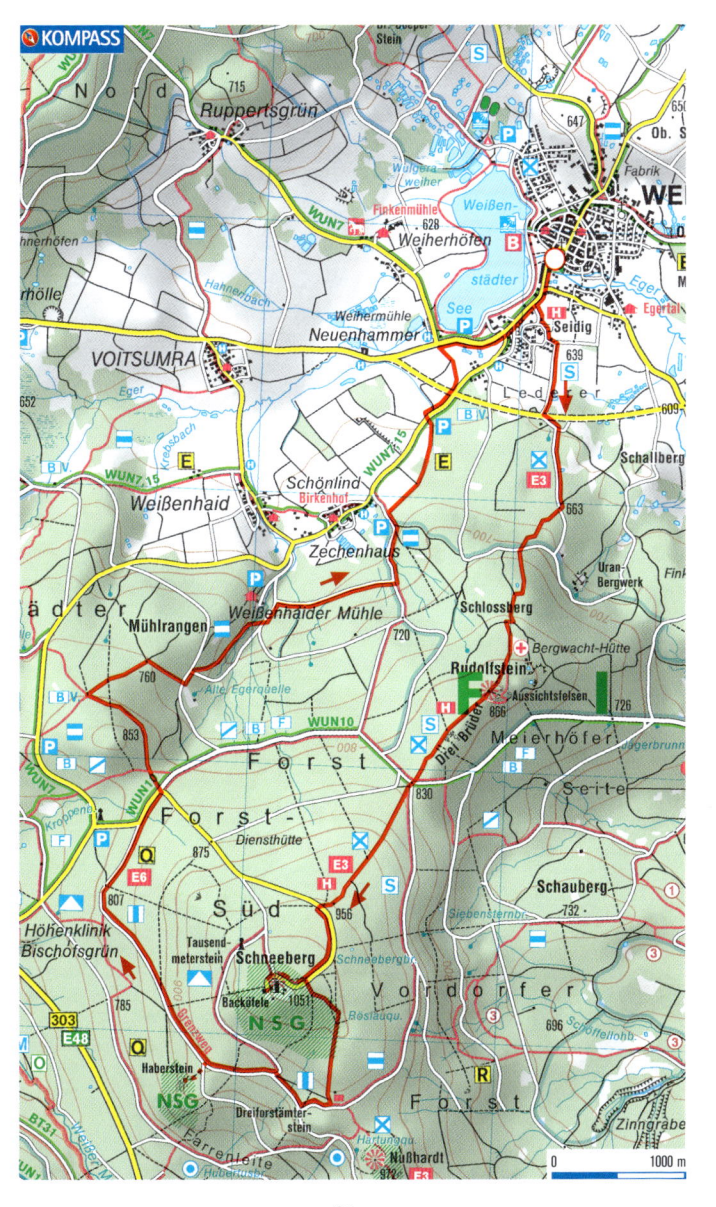

FICHTELGEBIRGE

FICHTELGEBIRGE

foscheune des Naturparks Fichtelgebirge, erreichen die Friedhofskirche und biegen links ab. Bis hinter den Schneeberg leitet nun das rote H auf weißem Grund des Höhenweges. In den Wald zu einer Gabelung und rechts. Die Markierungen und Wegweiser leiten steiler werdend auf Forststraßen und Waldwegen zum **Rudolfstein** hinauf.

Weiter in bisheriger Richtung. An den **Drei-Brüder-Felsen** vorbei. Geradeaus über die Wegspinne auf dem **Rudolfsattel** auf einen steil ansteigenden Waldweg. Geradeaus auf eine Forststraße. Achtung! Nach etwa 250 m links auf einen Pfad. Zu einer Asphaltstraße und links. An der Bergwachthütte und am unförmigen Betonturm vorbei zum Aussichtsturm **Backöfele** auf dem **Schneeberg.** Zurück bis vor den Betonturm und weiter auf dem Höhenweg Richtung Seehaus. Zu einer Kreuzung hinab und rechts auf einen breiten Forstweg. Steil zu einem Querweg hinab und rechts Richtung Haberstein (blauer Senkrechtbalken). Bergab zum nächsten Querweg und rechts. Am Abzweig »Schneeberg über Tausendmetersteins« und Abzweig zum **Haberstein,** der einen Abstecher lohnt, vorbei.

Am Abzweig zur Höhenklinik Bischofsgrün vorbei und weiter auf der breiten Forststraße bergab. Nun leitet das gleich von links einmündende schwarze Q auf gelbem Grund. Zu einer Asphaltstraße und weiter in bisheriger Richtung. Nach ca. 250 m, beim **Weißenhaider Eck,** die Straße geradeaus verlassen und gleich links auf einen Waldweg. Eine Forststraße queren und sofort links auf einen unscheinbaren unbefestigten Waldweg. Er zieht bald nach links und über die Höhe zu einer Forststraße hinab. Hier rechts (zwei blaue Querbalken). Der Rechtskurve des Hauptweges folgen und zu einer gekiesten Querstraße hinab. Hier links. Folgenden Abzweig rechts, aber sofort wieder links auf einen schmalen Waldweg und zur **Weißenhaider Mühle** hinab. Auf einer Brücke über den Bach und auf einem Pfad zur Forststraße hinauf. Hier links. Folgenden Abzweig rechts. Auf breitem Kiesweg zur nächsten Querstraße und links. Kurz vor dem Wanderparkplatz am Ortsrand von **Schönlind** rechts (schwarzes E auf gelbem Grund) und nach **Weißenstadt** zurück.

Bild links: Der Rudolfstein.
Bild rechts: Abstieg vom Rudolfstein.

Weißenstadt – Großer Waldstein

Vom Freizeitsee auf den Waldsteingipfel

Ausgangspunkt: Parkplatz am südlichen Ufer des Weißenstädter Sees.
Bus/Bahn: Busverbindung.
Gehzeiten: 3½ Stunden.
Charakter: Kurzweilige Waldwanderung auf Pfaden und Forststraßen. Panoramablick vom Waldsteingipfel.
Einkehr: Weißenstadt, Waldsteinhaus (Di Ruhetag).

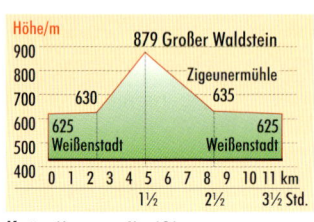

Karte: Kompass Nr. 191.

Der Große Waldstein gehört zu den beliebtesten Wanderzielen im Fichtelgebirge. Die Aussicht vom Pavillon auf dem Granitfelsen Schüssel gehört zu den schönsten der Region, und es gibt noch weit mehr zu entdecken: eine Burgruine, der Teufelstisch, Reste einer spätromanischen Burgkapelle, ein alter Bärenfang und nicht zuletzt das Waldsteinhaus, ein bewirtschaftetes Unterkunftshaus des Fichtelgebirgsvereins.

Vom Parkplatz am **Weißenstädter See** zum Ufer und rechts. Bis zum Waldsteinhaus folgen wir dem Höhenweg, rotes H auf weißem Grund. An steinernen Stelen, Stationen des Stundenbuches von Eugen Gomringer, vorbei zum Parkplatz am Nordufer und links. Auf einem Asphaltweg durch den Campingplatz und weiter geradeaus. Über eine Kreuzung auf einen einsetzenden Schotterweg. In den Wald, rechts auf einen unbefestigten Weg und geradeaus bergan. Bald setzt Schotter ein und der Weg verbreitert sich. Geradeaus über die Kreuzung beim Denkmal für Dr. Goepe. Über eine Kreuzung auf einen wurzelreichen Weg. *Achtung!* Nun gleich links auf einen Pfad. Einen Schotterweg queren und steil zu einer Forststraße hinauf. Hier rechts. Geradeaus über eine Kreuzung, zum **Waldsteinhaus** hinauf und rechts.

Am Weißenstädter See.

FICHTELGEBIRGE

Am **Teufelstisch** und am **Roten Schloss** vorbei zur **Schüssel**. Weiter auf einem Pfad zu einem nahen Waldweg. Rechts steil bergab zum Abzweig Weißenstadt/Zigeunermühle.
Nun leitet der blaue Punkt. Auf steinigem Weg zu einer Forststraße hinab und links. Nach ca. 100 m links auf einen Waldweg und bergan. Im Bogen zur Forststraße zurück und weiter in bisheriger Richtung. Bei der Einfahrt zum **Steinbruch** rechts auf einen Pfad und bergab. Geradeaus auf einen Schotterweg. Folgende Gabelung links. Eine Straße rechts versetzt queren und gleich rechts bergab. Der Weg verbreitert sich und zieht nach links zu einem Querweg. Hier rechts, aber bereits nach 30 m links ab. Nun geradeaus ins Tal zur Fahrstraße beim Naturfreundehaus. Hier rechts. Geradeaus über die Kreuzung bei der nahen **Zigeunermühle** (zwei blaue Querbalken auf weißem Grund). Der Rechtskurve der Asphaltstraße folgen. Zur Kreuzung auf der Anhöhe und links. An einem Feuchtgebiet vorbei und folgenden Abzweig rechts auf einen Kiesweg. Zur Sparnecker Straße am Ortsrand von Weißenstadt und links in den Ort. Rechts auf die Kirchenlamitzer Straße. Geradeaus über Marktplatz und Kirchplatz, bergab zum Mühlgässchen und rechts. Unter der Straßenbrücke hindurch zum See und links oder die Straße queren und durch den Kurpark und an der Infoscheune vorbei zum See und links zum **Parkplatz** zurück.

> Die **Infoscheune Weißenstadt** des Naturparks liegt am Weißenstädter See direkt am Kurpark. Sie zeigt die Dauerausstellung »Wasser – Quelle des Lebens«. Ganzjährig von 8.00 -18.00 Uhr geöffnet. Am Seeufer informieren Schautafeln über heimische Fische.

FICHTELGEBIRGE

36

Röslau – Eger-Auen

Landschaft mit Gebrauchsspuren

Ausgangspunkt: Markplatz Röslau.
Bus/Bahn: Busverbindung.
Gehzeiten: 2 Stunden.
Charakter: Lehrpfad mit ausführlichen Infotafeln und Wasserspielplatz. Überwiegend bequeme Spazierwege. Wald und offene Flur.
Einkehr: Röslau.
Karte: Kompass Nr. 191.

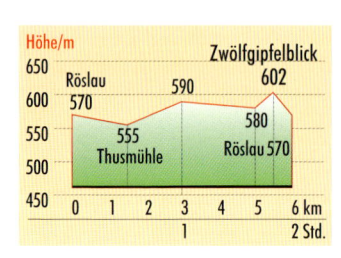

Vom Ferienort **Röslau** im geographischen Mittelpunkt des Fichtelgebirges wandern wir auf dem Natur-Kultur-Erlebnispfad »Landschaft mit Gebrauchsspuren« durch die lauschigen Eger-Auen in den Wald und über freie Höhen zum Zwölf-Gipfel-Blick, der einen Rundblick über alle 12 Gipfel des Gebirges bietet. Der künstliche Egerwasserfall westlich der Thusmühle wird nur einmal im Jahr, am Pfingstsonntag beim Thusfest, in Betrieb genommen. Auf der ganzen Strecke leitet der grüne Ring.

Vom Markplatz in **Röslau** die Hauptstraße hinab, rechts auf den Sonnenweg und an der **Eger** entlang. In der Rechtskurve links ab, über eine Brücke und gleich über den Steg eines abfließenden Bächleins. Durch die Wiesenflur zum Querweg bei der Tafel »Grüner Kirchsteig« und rechts. An Feuchtwiesen und an einem

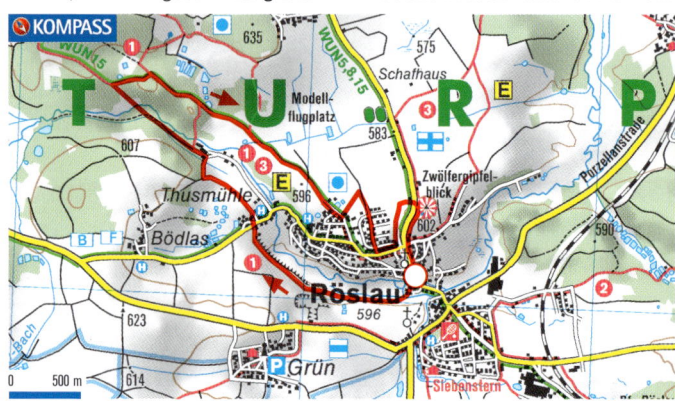

FICHTELGEBIRGE

Im Egertal bei Röslau.

Baumstreifen entlang zu einem Querweg und rechts. An einem Rastplatz vorbei, durch ein Waldstück auf einen Wiesenweg und bald zum Querweg im Tal hinab. Ein Abstecher führt rechts zum **Wasserspielplatz** an der **Eger.** Geradeaus haltend zum Teerweg bei der ehemaligen **Thusmühle.** Hier links, aber gleich wieder rechts (Weg 1). Links haltend aus dem Ort auf einen Wirtschaftsweg. Sofort rechts auf einen Pfad, auf die Anhöhe und links auf einen Wirtschaftsweg. Zur Waldecke, rechts zu einem frei stehenden Haus und links. Gleich folgende Gabelung rechts und bergab. Auf einer Brücke über die **Eger** und in den hochstämmigen Fichtenwald. Auf kaum erkennbarem Pfad zu einem Querweg und links (grüner Ring, E, 1). Der Weg verengt sich zu einem Pfad, steigt an, zieht nach rechts und erreicht einen Querweg. Hier rechts (grüner Ring, blau-weißes Rechteck, 1). Gleich folgenden Abzweig rechts auf einen Pfad. Zum Querweg und rechts. Geradewegs aus dem Wald und durch die offene Flur.

Nach **Röslau** hinein und hinter dem Weiher links auf die Blumenstraße. Ihrer Rechtskurve folgen. Kurz vor der Querstraße links (Narzissenweg). Geradeaus, durch einen Schlupf und am Schulhaus entlang zu einem Querweg. Links bergan aus dem Ort. Über die freie Höhe zum ersten Abzweig und rechts. Zur Straße und rechts. Am **Zwölfgipfelblick** vorbei nach **Röslau** zurück.

FICHTELGEBIRGE

37

Hinteres Buchhaus – Burgruine Epprechtstein

Auf dem Steinbruchwanderweg

Ausgangspunkt: Wanderparkplatz beim Hinteren Buchhaus an der Straße Kirchenlamitz – Weißenstadt.
Bus/Bahn: Busverbindung.
Gehzeiten: 1½ Stunden.
Charakter: Bequeme Waldwanderung zu Steinbrüchen mit Abstecher zu einer Burgruine. Panoramablick.
Einkehr: Gaststätte Zur Waldschmiede (Vorderes Buchhaus).

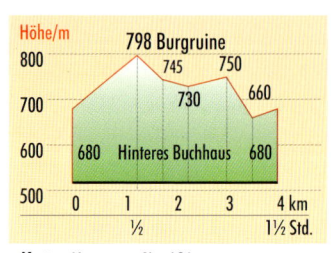

Karte: Kompass Nr. 191.

Beim Wanderparkplatz am Waldrand oberhalb des Weilers **Hinteres Buchhaus** zeigt ein über zwei Meter hoher Granitstein eine Übersichtsskizze des Wanderweges. Unterwegs erhalten wir Einblick in Granitgewinnung, -verarbeitung und -transport. Die Strecke ist mit dem Handwerkerzeichen der Bildhauer und Steinmetze markiert.

Geradeaus auf gekiester Forststraße in den Wald. Beim Stein mit der Auflistung aller Steinbrüche rechts auf einen Schotterweg und bergan. Der Steinbruchwanderweg quert den Nordweg Waldstein-Buchhaus und erreicht den **Luisentisch.** Er erinnert an Luise, Königin von Preußen, die 1805 mit ihrem Gemahl König Friedrich III. den Epprechtstein besuchte. Ein Abstecher führt rechts zum Querweg auf der Höhe, dort links zur nahen **Burgruine Epprechtstein.**

Die steinerne Landkarte des Steinbruchwanderweges.

FICHTELGEBIRGE

Blick in den Lenks-Bruch.

Zum Steinbruchwanderweg zurück, am Lenks-Bruch vorbei und bergab. Es folgen Albertsbruch, Schobertsbruch, Geyersbruch, Blauer Bruch und Schlossbrunnenbruch, dann eine Verladerampe an der ehemaligen Bahnstrecke Kirchenlamitz/Ost – Weißenstadt. Weiter auf dem Sechs-Ämter-Radweg, der auf der ehemaligen Bahntrasse verläuft, zur **Gaststätte Waldschmiede** und auf einem Waldweg zum Ausgangspunkt zurück.

Der **Kartoffellehrpfad** kreuzt beim Hinteren Buchhaus die Straße nach Kirchenlamitz. Eine Übersichtstafel auf dem Parkplatz zeigt den Verlauf. Eine 7,5 km langer Rundweg führt über Großschloppen und Raumetengrün, eine 11,5 km lange Runde bezieht außerdem Kirchenlamitz ein. Schautafeln am Wegrand vermitteln Wissenswertes rund um die Kartoffel und über die Geschichte der Ortschaften.

FICHTELGEBIRGE

38

Kirchenlamitz – Buchhaus – Lamitzbrunnen

Rund um den Epprechtstein

Ausgangspunkt: Marktplatz Kirchenlamitz.
Bus/Bahn: Busverbindung. Mit der Bahn bis Kirchenlamitz-Ost.
Gehzeiten: 3 Stunden.
Charakter: Waldwanderung mit Abstecher zu einer Burgruine.
Einkehr: Gaststätte Zur Waldschmiede (Vorderes Buchhaus).
Karte: Kompass Nr. 191.

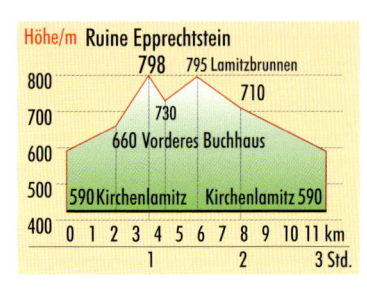

Der steile Aufstieg auf den Epprechtstein wird mit einem herrlichen Panoramablick belohnt. Dann folgt eine ruhige Waldwanderung auf Pfaden und Forststraßen. Dabei werden der Lamitzbrunnen mit schönem Rastplatz und ein Felsenturm berührt.

Vom Marktplatz in **Kirchenlamitz** entlang der Weißenstädter Straße in Richtung Weißenstadt, links ab und am Teich entlang und auf der Parkstraße in die Flur. Bis zur Lamitzquelle leitet nun das

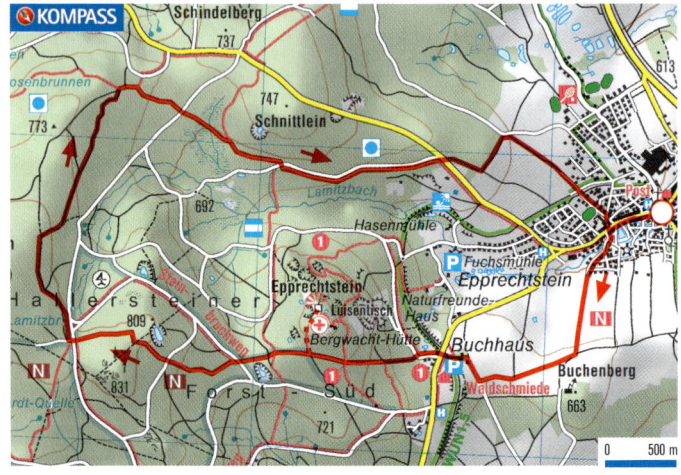

Die Burgruine Epprechtstein.

weiße N auf rotem Grund des Nordweges. Bergan zu einem Querweg und rechts. Dann links, die Straße nach Kirchenlamitz queren und an der **Gaststätte Waldschmiede** (Vorderes Buchhaus) vorbei bergan in den Wald. Etwa einen Kilometer hinter der Gaststätte quert der Steinbruchwanderweg den Nordweg. Ein Abstecher führt hier rechts zum **Luisentisch,** dort rechts auf die **Burgruine Epprechtstein.**
Zurück und weiter auf dem Nordweg. Den mit weißem Querbalken auf blauem Grund markierten Wanderweg und zwei Forststraße queren. An einem Steinbruch vorbei zur nächsten Forststraße. Hier rechts, somit den Nordweg verlassen und dem Wegweiser zur gefassten Lamitzquelle, auch **Lamitzbrunnen** genannt, folgen. Weiter mit dem weiß-blauen Rechteck am Felsenturm **Hoher Stein** vorbei. Etwa einen Kilometer weiter rechts ab (blauer Punkt). Eine Forststraße queren und am Fuß des Schnittleinberges entlang. Die Straße Benk – Kirchenlamitz queren und nach **Kirchenlamitz** zurück.

Am **Epprechtstein** wurde bereits im frühen Mittelalter Granit abgebaut, aber erst im 19. Jh. wurden richtige Steinbrüche angelegt. Heute sind sie alle stillgelegt, als Biotope kartiert und für Wanderer durch einen Lehrpfad erschlossen. Der unbewaldete Gipfel des Epprechtsteins trägt eine Burgruine. Sie wurde um das Jahr 1200 errichtet und 1553 zerstört. Unterhalb steht eine Bergwachthütte, am Fuß des Berges das Naturfreundehaus Epprechtstein.
Der Luisentisch am Weg zum Gipfel erinnert an Königin Luise, Gattin Friedrich Wilhelms III., die im Sommer 1805 bei einer Wanderung an dem eigens für sie gebauten Steintisch tafelte.

FICHTELGEBIRGE

39

Kirchenlamitz-Ost – Großer Kornberg

Über die Ruine Hirschstein zur Schönburgwarte

Ausgangspunkt: Bahnstation Kirchenlamitz-Ost.
Bus/Bahn: Bahnverbindung.
Gehzeiten: 2½ Stunden.
Charakter: Abwechslungsreiche Waldwanderung mit herrlichen Fernblicken.
Einkehr: Gasthof Wüstung.
Karte: Kompass Nr. 191.

Ein stetiger Anstieg führt uns an einer Burgruine vorbei den dicht bewaldeten Großen Kornberg hinauf. Auf dem Gipfel steht die 25 Meter hohe Schönburgwarte, die einen umfassenden Rundblick schenkt. Sie wird von einem 60 Meter hohen Radarturm überragt. Von der Bahnstation **Kirchenlamitz-Ost** auf der Straße Am Bahnhof an der Bahnstrecke entlang. Bis zur Vorsuchhütte leitet nun der Nordweg, weißes N auf rotem Grund. Beim **Gasthof Wüstung** rechts ab und bergan. Die nahe Asphaltstraße querend auf einen Pfad. Einen breiten Forstweg queren. Der Pfad verbreitert sich und wird eben. Einen geschotterten Forstweg queren. Folgenden Schotterweg links versetzt queren. Am auffälligen **Wackelstein** vorbei und weiter bergan. Der Weg zieht nach rechts, wird steinig und schmal und führt dicht am Felsen vorbei, der die **Burgruine Hirschstein** (13./14. Jh.) trägt. Ein lohnender Abstecher führt auf die gesicherte Aussichtskanzel der Ruine.
Weiter auf dem breit werdenden Wanderweg. Einen Forstweg

Die 25 m hohe Schönburgwarte.

FICHTELGEBIRGE

Blick von der Schönburgwarte.

querend auf einen Pfad, der sich bald verbreitert. Einen Schotterweg queren und weiter geradeaus haltend auf den **Großen Kornberg.**
Hinter der **Schönburgwarte** auf einen Pfad und bergab. Auf einen Wiesenweg, der in einen Pfad im Waldschatten übergeht, dann rechts und den Lift unterquerend auf einen Waldweg. Bergab und einen Forstweg queren. Folgenden Forstweg queren, gleich links halten und zum Asphaltweg bei der nicht mehr bewirtschafteten **Vorsuchhütte** hinab.
Rechts zur Kreuzung beim Wanderparkplatz. Rechts auf eine geschotterte Forststraße (Radweg WUN3) und somit den Nordweg verlassen. Geradewegs zum Ausgangspunkt zurück.

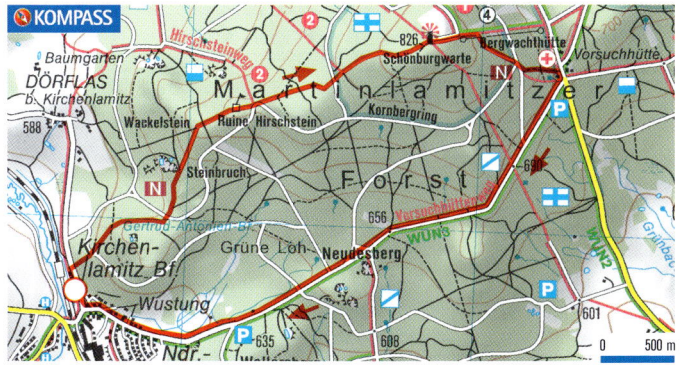

FICHTELGEBIRGE

40

Selb – Leupoldshammer – Wellerthal

Vom Wunsiedeler Weiher an die Eger

Ausgangspunkt: Waldparkplatz bei der Eissporthalle im Stadtteil Vorwerk.
Bus/Bahn: Bahn- und Busverbindung.
Gehzeiten: 3 Stunden.
Charakter: Waldwanderung ins lauschige Egertal.
Einkehr: Hotel-Restaurant Wunsiedeler Weiher (Do Ruhetag).
Karte: Kompass Nr. 191.

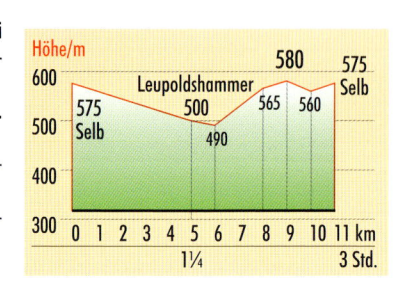

Durch dichten Wald erreichen wir die Eger im so genannten Wellerthal. Einst dröhnte hier ein Hammerwerk des sächsischen Unternehmers Weller, das Arzberger Erz verhüttete. Heute gilt das Wellerthal als reizvollster Abschnitt des Flusses.

Vom Waldparkplatz bei der Eisporthalle in **Selb** auf der Schotterstraße geradeaus zum **Wunsiedeler Weiher.** Beim abzweigenden Fußweg zum Hotel-Restaurant rechts ab. Gleich folgenden Abzweig wieder rechts und bergab (blauer Schrägstrich, Dr. Paul Meyer Weg). Der Wanderweg folgt in einigem Abstand dem Lauf des Lausenbaches, zieht auf dem Rindskopf nach rechts, dann wieder nach links und ins **Egertal** hinab, das wir nahe beim Hendelhammer erreichen.

Hier links auf den Egerweg (schwarzes E auf gelbem Grund) und an der Eger entlang. Am

Der Porzellanbrunnen in Selb.

FICHTELGEBIRGE

Ehemalige Pechhütte in Selb.

Stausee und am kleinen Kraftwerk **Leupoldshammer** vorbei. Hier beginnt ein 9,5 km langer Kanal für das Kraftwerk Hirschsprung. Etwa einen Kilometer weiter ist am jenseitigen Ufer das Gut Blumenthal zu sehen. Dann nach ca. 500 m, kurz vor dem Weiler Wellerthal, links ab (blaues Andreaskreuz des Saar-Schlesien-Weges).

Zu einem Fahrweg hinauf und rechts. Nach ca. 250 m rechts auf einen schmaleren Weg und mehrere Wege kreuzend zurück nach **Selb**.

FICHTELGEBIRGE

41

Selb – Häuselloh – Markgrafenteich

Granit und Kohle

Ausgangspunkt: Wanderparkplatz im Wald an der aus dem Selber Stadtteil Vorwerk führenden Häusellohstraße.
Bus/Bahn: Nein.
Gehzeiten: 1½ Stunden.
Charakter: Bademöglichkeit.
Einkehr: Selb.
Karte: Kompass Nr. 191.

Erste Station dieser bequemen Kurzwanderung ist der Schausteinbruch Häuselloh, in dem man einen Eindruck von der frühen Granitgewinnung erhält. Dann ist schnell der Weiler Häuselloh erreicht. Auf seinem Meilerplatz wird seit einigen Jahren wieder die Köhlerei praktiziert. Das angrenzende Häusellohmoor ist ein Paradies für viele seltene Tier- und Pflanzenarten.

Vom **Wanderparkplatz** auf der Asphaltstraße Richtung Häuselloh. Am **Schausteinbruch** vorbei. Am Wegrand steht ein Kollergang, ein Mahlwerk für die Porzellanherstellung. Geradeaus weiter zum Meilerplatz im Weiler **Häuselloh.** Die Gabelung vor den Wohnhäusern links auf einen Schotterweg (Radweg WUN4). Folgende Kreuzung links An einem Fischteich vorbei und wieder links ab (weißes N auf rotem Grund). An der Fischerhütte vorbei und am **Markgrafenteich** entlang.

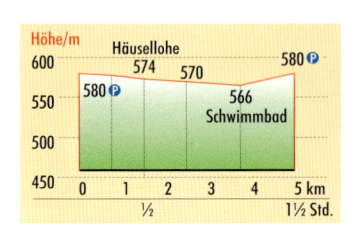

Der Weg zieht in den Wald. Achtung!. Bald links auf einen Schotterweg, dann gleich halbrechts auf einen unbefestigten Waldweg. Nun geradeaus zum Teerweg beim **Schwimmbad** am **Langen Teich.** Hier links bergab. Am Eingang und am Parkplatz vorbei. Dem asphaltierten Fahrweg folgen und somit das weiße N verlassen Zur Straße am Ortsrand von **Selb-Stopfersfurth** und links zum **Wanderparkplatz** zurück.

Bild links: Pechstein im Weiler Häuselloh. Bild nächste Seite: Im Schausteinbruch Häuselloh.

FICHTELGEBIRGE

Der **Schausteinbruch Häuselloh** wurde 1993 eingeweiht. Er ist ganzjährig von Außen zu besichtigen. Nähere Informationen zu Vorführungen im Steinbruch, aber auch zu Moorwanderungen und zum alljährlich am 2. Wochenende im Juni stattfindenden Meilerfest erhält man bei: Europäische Natur- und Kulturlandschaft Häuselloh e. V., Hans Popp, Dürrloh 3, 95100 Selb, Tel 09287-60307 (www.enkselb.com)

FICHTELGEBIRGE

42

Thierstein – Neuhaus an der Eger

Schattiger Wald und sonnige Fluren

Ausgangspunkt: Marktplatz Thierstein.
Bus/Bahn: Busverbindung.
Gehzeiten: 4 Stunden.
Charakter: Steter Wechsel von Wald und offener Flur. Überwiegend ebene Feld- und Forstwege.
Einkehr: Neuhaus a. d. Eger, Waldgaststätte Steinhaus (Mo Ruhetag).
Karte: Kompass Nr. 191.

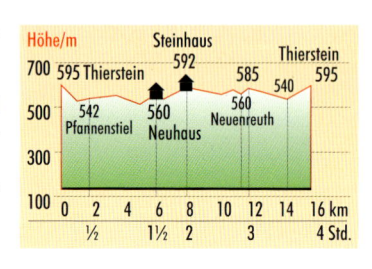

Der Sechsämterort Thierstein ist schon von weitem zu erkennen. Er wird von der Pfarrkirche und einer weithin sichtbaren Burgruine überragt, die auf einem Basaltkegel thront. Der 34 m hoher Bergfried bietet einen umfassenden Rundblick über große Teile des Egerlandes und auf die Höhen des Fichtelgebirges.

Vom **Marktplatz Thierstein** auf dem Weg An der Kirche aus dem Ort. Bis Steinhaus leitet nun das schwarze M auf gelbem Grund. Geradeaus in die Flur. Bergab zu einer ehemaligen Mühle, über den Dangesbach und zur nahen Fahrstraße hinauf. Rechts nach **Pfannenstiel.** Links zur Waldecke und rechts. Erst am Waldrand entlang, dann in den Wald. Die Straße Wellerthal – Schwarzteich queren und auf Forststraßen etwa 4 km durch den Wald, dann rechts und über

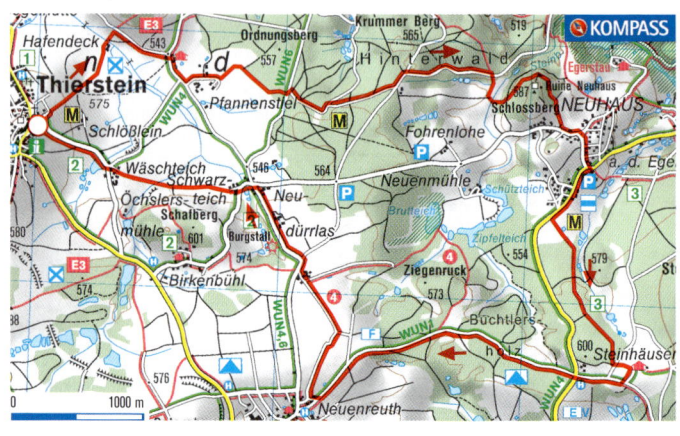

108

FICHTELGEBIRGE

Thierstein.

den Schlossberg, der geringe Reste einer Burg des 14. Jh.s trägt, nach **Neuhaus an der Eger.** Entlang der Durchfahrtsstraße in Richtung Kothigenbibersbach zum Ortsende und links. Bergab und durch den Wald. Einen Kiesweg querend zum Asphaltweg vor der Waldgaststätte **Steinhaus.** Hier rechts (blaues Dreieck). Die Straße nach Kothigenbibersbach queren und geradeaus haltend auf breitem Weg nach **Neuenreuth.** Hier rechts und auf Feldweg mit der Nr. 4 nach **Altdürrlas.** Nun leitet die Nr. 2. Auf einer Fahrstraße nach **Neudürrlas,** links und über die Weiler **Schwarzteich** und **Wäschteich** nach **Thierstein** zurück.

FICHTELGEBIRGE

43

Bernstein – Johanneszeche – Göpfersgrün
Heiteres Wiesenland

Ausgangspunkt: Der Freibauernbrunnen in der Ortsmitte von Bernstein.
Bus/Bahn: Busverbindung.
Gehzeiten: 2½ Stunden.
Charakter: Auf bequemen Wegen durch eine überwiegend offene Flur.
Einkehr: Bernstein, Göpfersgrün.
Karte: Kompass Nr. 191.

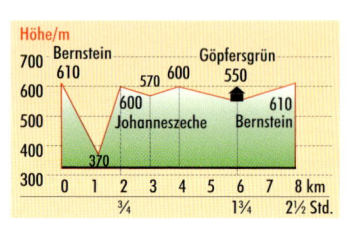

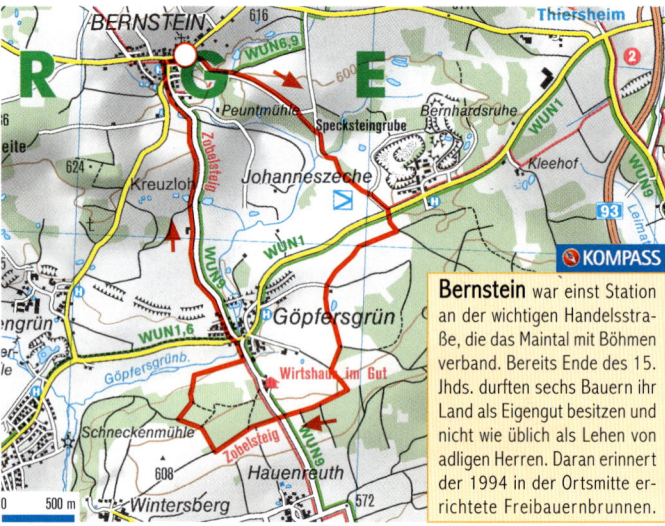

Bernstein war einst Station an der wichtigen Handelsstraße, die das Maintal mit Böhmen verband. Bereits Ende des 15. Jhds. durften sechs Bauern ihr Land als Eigengut besitzen und nicht wie üblich als Lehen von adligen Herren. Daran erinnert der 1994 in der Ortsmitte errichtete Freibauernbrunnen.

Vom kleinen Kirchdorf **Bernstein** führt diese Tour durch sonnige Fluren nach Göpfersgrün. Dabei wird die Johanneszeche berührt, ein bedeutendes Specksteinlager. Früher wurde Speckstein für Pfeifen und Knöpfe verwendet, heute überwiegend für die Erzeugung von Elektrokeramik.

Wir verlassen die Kirche von **Bernstein** mit der Markierung blaues offenes Dreieck. Die Durchfahrtsstraße queren und auf Asphalt bergab. Geradeaus zu einem Querweg. Hier rechts. Wir passieren linker Hand die **Johanneszeche** und queren die Straße Wunsiedel – Thiersheim. Nun leitet der

110

FICHTELGEBIRGE

Bild oben: Der Freibauernbrunnen in Bernstein; Bild unten: Abraumhalde der Johanneszeche.

grüne Punkt im gelben Kreis. Ca. 100 m geradeaus, dann rechts und durch die Flur. An einem Pumpwerk der Wasserversorgung vorbei zum Waldrand. Hier rechts. Das Sträßlein nach Göpfersgrün queren. Nach etwa 500 m rechts ab. Nach etwa 300 m wieder rechts. Zum Sträßlein zurück und links nach **Göpfersgrün.**

Die Durchfahrtsstraße links. Über die Brücke und gleich rechts. Nun geradewegs mit dem weiß-blauen Rechteck nach **Bernstein** zurück.

FICHTELGEBIRGE

44

Arzberg – Kohlberg – Feisnitzspeicher

Zuckerhut und G' steinigt

Ausgangspunkt: Rathaus Arzberg.
Bus/Bahn: Bahn- und Busverbindung.
Gehzeiten: 2½ Stunden.
Charakter: Auf überwiegend schmalen Wegen im Waldschatten und durch Wiesengelände.
Einkehr: Seeklause (Mo Ruhetag), Elisenfels (Di Ruhetag).
Karte: Kompass Nr. 191.

Von der ehemaligen Porzellanstadt Arzberg, die ihren Namen dem Erzbergbau verdankt, wandern wir auf den Kohlberg, dem als »Zuckerhut« bekannten Hausberg und zum Stausee Feisnitzspeicher, der als Kühlwasserreserve für das stillgelegte Braunkohlekraftwerk Arzberg angelegt wurde. Der Rückweg führt durch

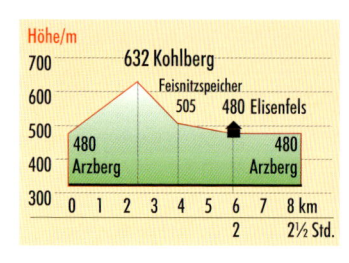

FICHTELGEBIRGE

Der Siebenstern, das Wahrzeichen des Fichtelgebirges.

das Naturschutzgebiet G'steinigt im romantischen Röslautal.
Bei den Infotafeln beim **Rathaus Arzberg** auf den Rundwanderweg Nr. 1. Über die Röslau. Hinter der Eisenbahnunterführung rechts, ca. 500 m an der Bahnstrecke entlang, dann links in die Carl-Schumann-Str. Aus dem Ort und auf den bewaldeten **Kohlberg** hinauf. Die 1961 erbaute Waldenfelswarte schenkt einen guten Panoramablick.

Mit den Markierungen blauer Senkrechtbalken und Nr. 3 auf dem so genannten Diebsteig recht steil zur Klausen hinab, wie man das Gelände um den **Feisnitzspeicher** nennt. Zur Gaststätte **Seeklause** und weiter mit der Markierung blauer Punkt auf weißem Grund am Seeufer entlang und nach **Elisenfels** hinab.
Weiter mit schwarzem R auf gelbem Grund. Die Bahnstrecke unterqueren und durchs steinige Engtal der Röslau, **G`steinigt** genannt. An der **Silberquelle,** ein Entwässerungsstollen eines ehemaligen Eisenerzbergwerkes und an der ältesten Nagelfabrik Deutschlands (seit 1906) vorbei nach **Arzberg** zurück.

> Die **Naturpark-Infostelle** in Arzberg ist beim Schwimmbad in ehemaligen Bergwerksgebäuden untergebracht. Dort wurde in der Grube »Kleiner Johannes« bis ins 20. Jh. Eisenerz gefördert. Eine Ausstellung gibt Einblick in Bergbau und Geologie. Geöffnet vom 19. März bis 4. Dezember von 9.00-17.00 Uhr.

FICHTELGEBIRGE

Hohenberg a.d.Eger – Libá – Pomezná

Ausflug nach Tschechien

Ausgangspunkt: Burg Hohenberg.
Bus/Bahn: Busverbindung.
Gehzeiten: 3 Stunden.
Charakter: Auf überwiegend ebenen Wegen durch Wald und offene Flur. Fernblicke.
Einkehr: Hohenberg, Libá.
Karte: Kompass Nr. 191.

Libá (Liebenstein) entstand am Fuß einer gleichnamigen Burg aus dem 13. Jh. Sie wurde im Dreißigjährigen Krieg 1647 durch schwedische Truppen verwüstet und um 1770 zum Rokokoschloss umgebaut. Das Schloss ist heute in Privatbesitz. Im Zuge des Baues der Grenzsicherungsanlagen nach dem Zweiten Weltkrieg wurden Dörfer und Weiler an der Grenze abgerissen, unter ihnen die Orte Dubina (Eichelberg) und Pomezná (Markhausen).

Von Hohenberg haben wir schnell den Grenzübergang für Wanderer bei der Hammermühle erreicht. Mit schöner Fernsicht wandern wir über einen Höhenzug nach Libá (Liebenstein) und durch den Eichichtwald zurück. Ein Abstecher führt ins Naturschutzgebiet Rathsam, das das Gebiet an der Mündung der Röslau in die Eger bis zum oberen Ende der Talsperre Skalka umfasst.

Vom Parkplatz bei **Burg Hohenberg** dem Wanderwegweiser Richtung Hammermühle folgen. (Z, Burgsteig). Auf Fußweg bergab, dann auf Pfad am Rand einer Wiese entlang. Kurz vor einem Asphaltweg rechts und durch den Wald zur **Hammermühle** hinab. Auf einer Brücke über die **Eger** nach **Tschechien.** Gleich links und über Stufen den Hang hinauf. Bis Libá leitet nun der gelbe Balken. Durch die Wiesenflur zum Querweg und links. Nun geradeaus. Den Radweg 2063 queren und auf einsetzendem Beton an der verlassenen Polizeistation bei der Wüstung **Dubiná** (Eichelberg) vorbei. Der Rechtskurve des Hauptweges folgen. Auf einsetzendem Asphalt in den Wald, am Hammerteich entlang und geradewegs nach **Libá** hinein.

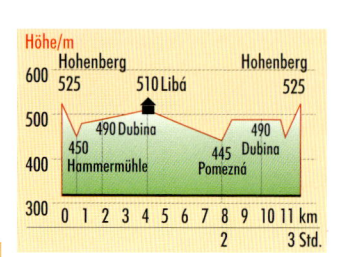

Zur Durchfahrtsstraße und rechts. Beim Schloss über eine Brücke und auf dem Gehweg an der Straße entlang. In der Linkskurve rechts auf einen Asphaltweg und bergab. Nun leitet der rote Balken. Im Waldschatten am Hammerteich entlang zur Kreuzung am Ortsrand. Rechts zum Querweg und links. In den Wald und geradeaus haltend steil bergan. Zur Kreuzung auf der Höhe und links. Der Weg zieht bald nach rechts

FICHTELGEBIRGE

Blick auf Hohenberg.

und bergab, steigt wieder an, führt dann eben zu einem geschotterten Querweg am Waldrand. Hier rechts und mit Blick auf Hohenberg durch die offene Flur und wieder in den Wald. In der Rechtskurve des Hauptweges bietet sich ein Abstecher an. Dem roten Balken folgend links auf einen geschotterten Waldweg. Steil bergab zur Wüstung **Pomezná** (Markhausen) mit der Ruine einer Feste im Naturschutzgebiet an der Eger.

Wieder zum Hauptweg hinauf und geradeaus (Radweg 2063).

An einem Waldweiher vorbei bergan nach **Dubina** und auf bekanntem Weg über die **Hammermühle** zurück nach **Hohenberg**.

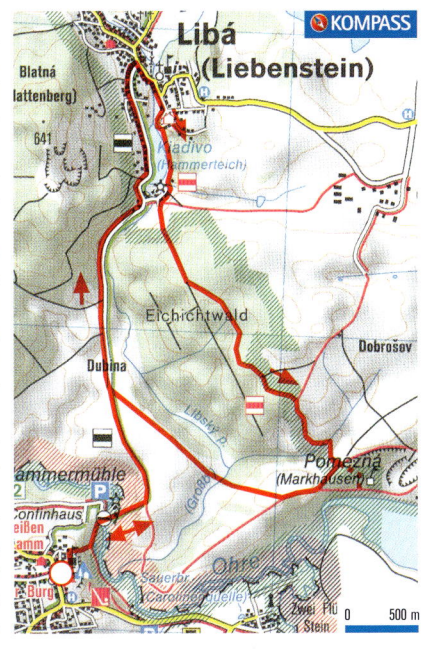

FICHTELGEBIRGE

46

Hohenberg a. d. Eger – Steinhaus – Neuhaus a. d. Eger

Durch den Hohenberger Forst ins Egertal

Ausgangspunkt: Burg Hohenberg.
Bus/Bahn: Busverbindung.
Gehzeiten: 4¾ Stunden.
Charakter: Auf überwiegend befestigten Wegen durch Wald und an der Eger entlang.
Einkehr: Steinhaus (Mo Ruhetag), Neuhaus, Café Egerstau.
Karte: Kompass Nr. 191.

Im Hohenberger Forst werden wir durch einen ungewohnten Anblick überrascht. Eine Forststraße wird von alten Eichen gesäumt hinter denen sich Mischwald erstreckt. Dann führt der Wanderweg im Wechsel von Wald und offener Flur an die Eger. Dort, im so genannten Wellerthal, dröhnte einst ein Hammerwerk des sächsischen Unternehmers Weller, das Arzberger Erz verhüttete.

Vom Parkplatz bei **Burg Hohenberg** zur Kirche und auf der Kirchstraße zum Ortsrand (schwarzes M auf gelbem Grund). Geradeaus auf Asphalt durch ein Waldstück und an einer großen Kastanie vorbei

FICHTELGEBIRGE

Burg Hohenberg.

durch die Flur. Folgende Gabelung links (blauer Punkt, Nr. 3). In den Wald zu einem geschottertem Querweg hinauf und links. Mit Fernblick an einer Wiese entlang bergab und wieder in den Wald. Folgenden Querweg rechts. Durch die **Eichenallee** zu einer Kreuzung und rechts (Nr. 3). Geradeaus über die Kreuzung bei der kleinen Kappelle am Waldrand. Geradeaus am Biergarten der **Gaststätte Steinhaus** vorbei zum Asphaltweg. Hier rechts, aber gleich links auf einen Kiesweg (blauer Balken, schwarzes M, Nr. 3). Einen Kiesweg queren und sofort rechts auf einen Waldweg. Bergab. Zur Linkskurve des Hauptweges, rechts auf einen unscheinbaren Waldweg und weiter bergab. Der Weg verengt sich und zieht nach links. Einen Schotterweg queren, aus dem Wald und links zum Ortsrand von **Neuhaus.** Entlang der Durchfahrtsstraße zum Soldatendenkmal und links auf die Thiersteiner Straße (blauer Querbalken, M). Sie zieht auf der Höhe nach links. Nun gleich rechts ab und über den Schlossberg, der geringe Reste einer Burg des 14. Jhds. trägt, ins Steinbachtal. Den Bach queren und rechts ab. Eine Forststraße queren und somit das schwarze M verlassen. Weiter mit dem blauen Querbalken zur Forststraße auf dem Krummerberg, rechts ab und ins **Egertal.** Über die Eger und an ihrem Ufer entlang (schwarzes E auf gelbem Grund). Am **Kraftwerk Hirschsprung** und am **Egerstau** vorbei. Über folgende Brücke, rechts ab und am Waldrand entlang. Den ersten Abzweig links, zur Rechten das **Café Egerstau** Zu einer Asphaltstraße und links. Am Waldrand die Straße in ihrer Rechtskurve geradeaus verlassen. Auf einem Wiesenweg an einem Hof vorbei auf einen einsetzenden Asphaltweg. Die Straße nach Neuhaus queren und wieder in den Wald. Eine Forststraße links haltend queren. Geradeaus durch den Wald zur Flur, rechts auf einen Asphaltweg und nach **Hohenberg** zurück.

FICHTELGEBIRGE

47

Marktredwitz – Bad Alexandersbad

Zum Wenderner Stein

Ausgangspunkt: Klinikum im Stadtteil Oberredwitz.
Bus/Bahn: Bahnhof Marktredwitz und Bus bis Krankenhaus.
Gehzeiten: 2½ Stunden.
Charakter: Auf bequemen Wegen durch Wald und offene Flur. Fernblicke.
Einkehr: Gaststätte Forsthaus, Bad Alexandersbad.

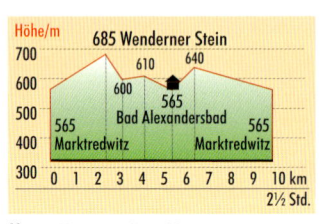

Karte: Kompass Nr. 191.

Durch schattigen Wald wandern wir ins lauschige Tal des Wenderner Baches und können uns an der Luisenquelle von Bad Alexandersbad erfrischen. Unterwegs berühren wir den Wenderner Stein, ein Phylittschieferfelsen von 36 m Länge, 9 m Breite und 15 m Höhe. Ein Abstecher führt zum Dorfmuseum in Kleinwendern. Beim **Klinikum** in **Marktredwitz** quert der blaue Balken aus der Nausenstraße kommend die Putzenreuthstraße und führt in den Wald hinauf. Kurz hinter der Höhe einen Forstweg queren. Die Kreuzung kurz vor dem Waldrand links. Folgenden Abzweig – vor

FICHTELGEBIRGE

Das Dorfmuseum in Kleinwendern.

dem **Wenderner Stein** – rechts (Nr. 4) und bergab. Mit Fernblick in die Flur und weiter bergab auf einsetzendem Teer. Zur Kreuzung im Tal bei **Kleinwendern** und geradeaus halten auf Schotter, über den **Wenderner Bach** (Nr. 1). Durch die Flur und geradeaus in den Wald, gleich rechts auf einen Pfad, erneut über den Bach im Wiesengrund und wieder in den Wald hinauf. Zum Pflasterweg am Waldrand und rechts. (2, Q).
Links (Nr. 1) bergab in die Senke und links bei Ruhebank auf Kiesweg. Zum **Brunnenplatz** von **Bad Alexandersbad** und durch den Kurpark zum **Markgräflichen Schloss.**
Auf dem Rückweg folgen wir dem schwarzen Q auf gelbem Grund des Quellenweges. Er deckt sich mit dem Philosophenweg.
Auf bekanntem Weg zur Ruhebank zurück und rechts. Dem Linksknick des breiten Weges folgen. Den Querweg rechts. Gleich links ab. Durch den Wald und dann auf der Putzenreuthstraße nach **Marktredwitz** hinein.

Das **Egerland Museum** in Marktredwitz zeigt Exponate zur Geschichte und Kultur des Egerlandes, wie Trachten, Porzellan, Gläser, Musikinstrumente und gibt Einblick in die Geschichte der Vertreibung und den Neubeginn nach 1945. Neben dem Museum befindet sich im Egerland-Kulturhaus die Egerländer Studienbücherei zur Kulturgeschichte des Egerlandes und die Egerländer Kunstgalerie.
Info: Egerland-Museum, Fikentscherstraße 24, 95615 Marktredwitz
  Tel. 09231-3907 (www.egerlandmuseum.de).

FICHTELGEBIRGE

48

Grenzlandhütte – Dreifaltigkeitskirche Kappel

Zum Meisterwerk deutschen Barocks

Ausgangspunkt: Naturfreundehaus Grenzlandhütte an der Straße Schirnding – Waldsassen.
Bus/Bahn: Nein.
Gehzeiten: 1½ Stunden.
Charakter: Leichte Kurzwanderung durch Wald und offene Flur.
Einkehr: Grenzlandhütte, Kappel.
Karte: Kompass Nr. 191.

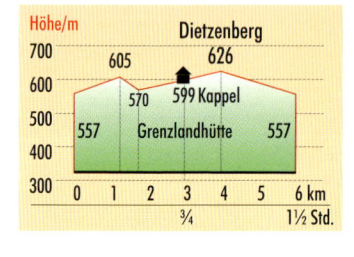

Diese Kurzwanderung führt durch dichten Wald zur Dreifaltigkeitskirche Kappel. Sie zeigt in architektonischer Vollendung die Trinität Gottes.
Vom Parkplatz bei der **Grenzlandhütte** geradeaus in den Wald (blaues K). Nach etwa 50 m auf grasigem Weg links ab. Bergan zu einer geschotterter Forststraße und links. Folgende Kreuzung rechts und über die Höhe. Links haltend eine Forststraße queren (K, blauer Punkt). In der Rechtskurve der Straße links ab. Sofort rechts ab und rechts halten. Auf einem Waldpfad geradeaus zum Waldrand und weiter auf einem Wiesenweg. Die Straße nach Waldsassen querend zur nahen **Dreifaltigkeitskirche.**
Die Straße querend auf einen Schotterweg und durch die Flur auf den **Dietzenberg** hinauf (O). Am Wasserbehälter vorbei zum Sendemast, links auf einen Feldweg und somit die Markierung O verlassen. Am Waldrand einen Weg querend in den Wald (G, K). Geradeaus zu einem breiten Forstweg und links. Geradeaus über die bereits bekannte Kreuzung. Folgenden Abzweig rechts und zur **Grenzlandhütte** zurück.

FICHTELGEBIRGE

Die Dreifaltigkeitskirche Kappel.

Die **Dreifaltigkeitskirche Kappel** wurde 1685-1689 von Georg Dietzenhofer erbaut. Der Rundbau symbolisiert in allen Teilen die Dreieinigkeit Gottes. Sie zeigt sich in drei Rundchören, drei Seitenkapellen, drei Altären, sowie drei großen und drei kleinen Zwiebeltürmen. Darüber hinaus ist die Wallfahrtskirche nach den drei Ländern Bayern, Böhmen und Sachsen ausgerichtet und steht zwischen den Gebirgen Böhmerwald, Oberpfälzer Wald und Fichtelgebirge.

FICHTELGEBIRGE

49

Pfaben – Saubadfelsen – Vogelfelsen

Im westlichen Steinwald

Ausgangspunkt: Wanderparkplatz Pfaben.
Bus/Bahn: Busverbindung.
Gehzeiten: 3 Stunden.
Charakter: Waldwanderung zu mächtigen Felsformationen. Panoramablicke.
Einkehr: Pfaben.
Karte: Kompass Nr. 191.

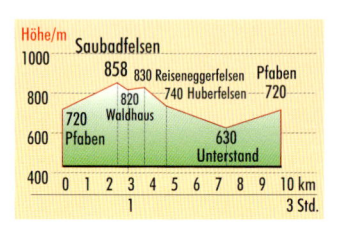

Das kleine Dorf **Pfaben** mit Wildschwein- und Rehgehege ist ein beliebter Ausgangspunkt für Wanderungen im Steinwald. Dessen Name verweist auf die große Zahl an bizarren Felsen.

Zum **Wanderparkplatz** am Waldrand oberhalb von **Pfaben** hinauf und rechts (blaues Kreuz). Zur Gabelung, links und den Kiesweg bergan. Zur geschotterten Querstraße und rechts. Linker Hand

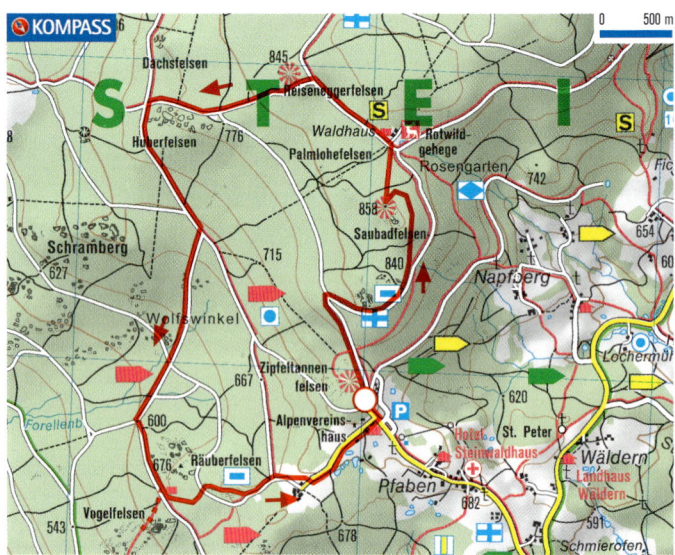

FICHTELGEBIRGE

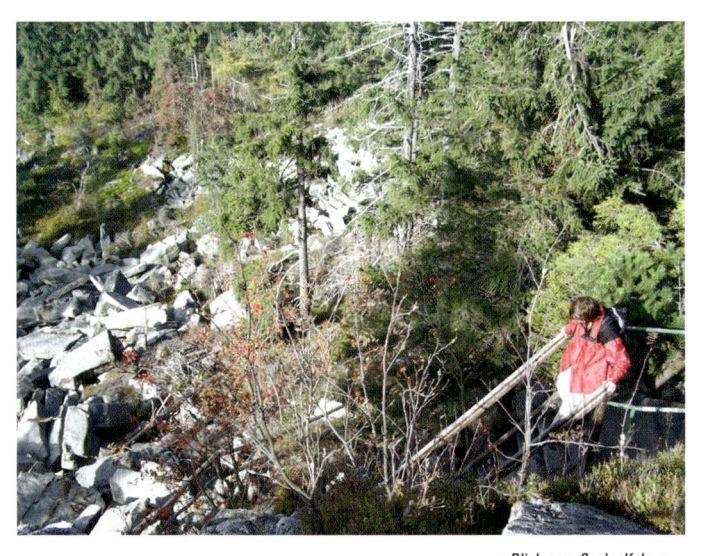

Blick vom Saubadfelsen.

sind erste Felsen zu sehen. Nun links auf den Waldlehrpfad, der die Straße quert (blauer Balken). Über eine Anhöhe zu einem Querpfad. Ein Abstecher führt links zum **Saubadfelsen** (blauer Punkt). Wir verlassen den Saubadfelsen auf bekanntem Weg und wandern geradeaus bergab (blauer Balken) zum Querweg vor der Lichtung mit dem **Waldhaus,** ein ehemaliges Forsthaus mit Rotwildgehege. Hier links (blaues Kreuz). Auf breiter Forststraße zur nächsten Gabelung und links. (schwarzes S auf gelbem Grund). Am **Reiseneggerfelsen** vorbei und bergab. Geradeaus zur Kreuzung bei den **Huberfelsen** hinab. Hier links (blauer Punkt). Etwa 1 km zu einem Abzweig und rechts auf die Forststraße Richtung Rosenbühl, die als Nordic-Walking-Strecke ausgewiesen ist (vereinzelte rote Pfeile). Geradeaus über eine Kreuzung. Folgende Gabelung links auf einen etwas schmaleren Weg, die Rettungszufahrt zum Vogelfelsen. Bergan zu einem **Unterstand,** wo ein Abstecher rechts zum **Vogelfelsen** führt.

Hier links (blauer Balken) auf einen Pfad. Nun entweder gleich links und dem Wegweiser und dem blauen Schrägstrich über den **Räuberfelsen** nach **Pfaben** folgen oder geradeaus (blauer Balken) zu einem Querweg und links bergan. Einen Forstweg queren, dann links in einen Forstweg einbiegen. Geradeaus zu Asphaltstraße beim **Gasthof Räuberfelsen** und links zum Ausgangspunkt zurück.

FICHTELGEBIRGE

50

Marktredwitzer Haus – Burgruine Weißenstein – Platte

Zum höchsten Berg im Steinwald

Ausgangspunkt: Wanderparkplatz Hohenhard an der Straße Friedenfels – Pullreuth.
Bus/Bahn: Busverbindung.
Gehzeiten: 3 Stunden.
Charakter: Waldwanderung mit Panoramablicken.
Einkehr: Marktredwitzer Haus (Mo Ruhetag).
Karte: Kompass Nr. 191.

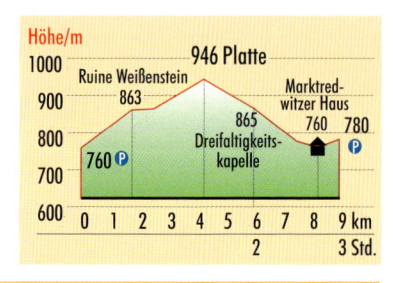

Die **Burgruine Weißenstein** thront auf mächtigen Granittürmen. Sie geht auf eine Burg des 13./14. Jhds. zurück und verfiel ab 1559. Sie ist hervorragend restauriert. Eine Steiganlage führt auf den einstigen Bergfried, der eine hervorragende Aussicht bietet. Ein Infopavillon bei der Burg gibt nähere Auskunft über die Anlage.

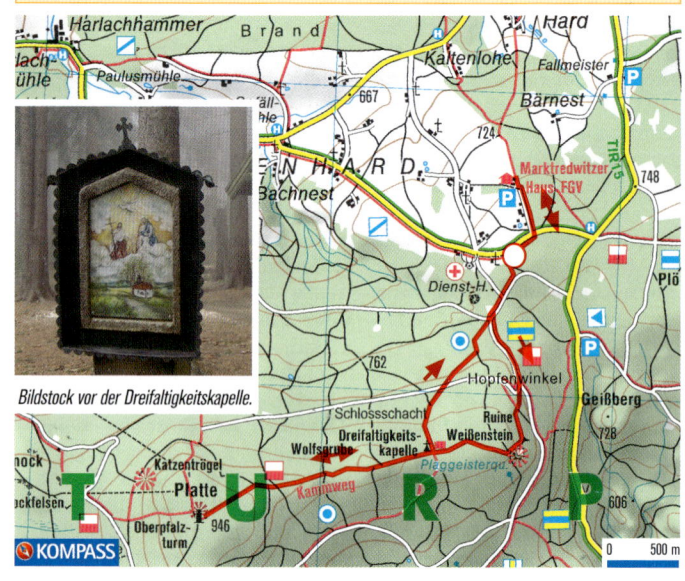

Bildstock vor der Dreifaltigkeitskapelle.

FICHTELGEBIRGE

In der Burgruine Weißenstein.

Steil steigen wir zur restaurierten Burgruine Weißenstein hinauf. Sie gehört zu den beliebtesten Wanderzielen im Steinwald. Nun ist schnell die Dreifaltigkeitskapelle erreicht und es bietet sich ein Abstecher zur Platte an. Dort schenkt der 31,5 m hohe Oberpfalzturm einen weiten Rundblick auf Böhmerwald, Fränkische Alb, Oberpfälzer Wald und Fichtelgebirge. Vom **Wanderparkplatz Hohenhardt** in den Wald (rot-weißes Rechteck und blauer Balken). Geradeaus haltend auf eine breite Forststraße. Folgende Kreuzung links auf eine breite Forststraße. Bergan zu einer Gabelung und links. Nach 30 m rechts auf einen Pfad und bergan über Wurzeln und Steine. Eine Forststraße queren und auf breitem Weg zur **Ruine Weißenstein** hinauf. Hier rechts. Eine Forststraße queren und auf felsigem Weg (rot-weißes Rechteck und blauer Balken) an der **Dreifaltigkeitskapelle** von 1974, eine Unterstellhütte vorbei. Nun geradeaus haltend auf dem Bergkamm zum **Oberpfalzturm** auf der **Platte.** Auf bekanntem Weg zurück zum Bildstock vor der **Dreifaltigkeitskapelle.** Links auf die Plattengasse, ein breiter, unmarkierter Weg, und bergab. Rechts versetzt eine Forststraße queren und weiter bergab zur vom Aufstieg bekannten Forststraße und zum **Wanderparkplatz Hohenhardt zurück.**

Abstecher. Zur Straße und rechts Richtung Friedenfels. Folgenden Abzweig links zum **Marktredwitzer Haus.**

STICHWORTVERZEICHNIS

Ahornberg 48
Alexander v. Humboldt 68
Arzberg 11,112

Backöfele 81, 93
Bad Alexandersbad 11, 20, 26, 30, 32, 118
Bad Berneck 11, 70
Bayreuther Haus 44, 46, 48, 50
Bernstein 110
Besucherbergwerk Gleißinger Fels 17, 52, 54
Bibersbach 24
Birnstengel 81
Bischofsgrün 12, 76, 78, 92
Brandholz 68
Buchhaus 98, 100

Demutstal 29, 32
Deutsches Porzellanmuseum 16
Drei-Brüder-Felsen 88, 93
Dreifaltigkeitskirche Kappel 120
Dreihirtenstein 66

Egerquelle 74
Eisenberg 60
Epprechtstein, Ruine 98, 100

Feisnitzspeicher 112
Fichtelberg 12, 50, 52
Fichtelgebirgsmuseum 16
Fichtelnaabquelle 58, 64
Fichtelsee 42, 52
Fleckl 54, 56, 63, 64
Freilandmuseum Grassemann 15, 58, 62

G´steinigt 112
Gefrees 74
Goldbergbaumuseum Goldkronach 16
Goldkronach 12, 68
Göpfersgrün 110
Göringsreuth 24
Gottmannsberg 75

Grassemann 56, 62
Gregnitztal 38, 43
Grenzlandhütte 120
Großer Kornberg 102
Großer Waldstein 86, 94
Grünberg 44
Grünlas 39

Haberstein 22, 30, 93
Haidberg 84
Haidlas 75
Häuselloh 106
Hildenbach 24
Hinteres Buchhaus 98
Hohe Haide 75
Hohe Matze 36
Hohe Warte 70
Hohenberg a. d. Eger 12, 114, 116
Hohenbrand 37
Humboldtweg 68
Hüttstadl 50

Jägersteig 48
Jean Paul 9
Jesusbrunnen 75
Johanneszeche 110
Juliushammer 29

Karches 78, 80, 82
Kartoffellehrpfad 99
Katharinenberg 21, 27
Kattersreuth 66
Kirchenlamitz 13, 100, 102
Klausenturm 44, 46, 48, 50
Kleiner Waldstein 86
Kleinwendern 30, 119
Kohlberg 112
Königsheide 66
Kornbach 75
Kössseine 22, 23, 36, 38

Lamitzbrunnen 100
Laupoldsdorf 34
Lehrpfad Eger-Aue 96

STICHWORTVERZEICHNIS

Leupoldsdorferhammer 34
Leupoldshammer 104
Libá 114
Liebenstein 114
Löchleinstal 63
Luisenburg 17, 20, 22, 26, 30
Luisenquelle 21, 27, 118

Marktredwitz 13, 118
Marktredwitzer Haus 124
Marktschorgast 25

Nagel 38
Neuhaus a. d. Eger 108, 116
Nußhardt 40

Oberfränkisches Bauernhofmuseum 15
Oberpfalzturm 125
Oberwarmensteinach 60
Ochsenkopf 56, 64, 78
Ölbrunn 45

Panoramaweg 76
Pfaben 122
Platte 42, 124
Pomezná 114

Reichenbach 38
Reinersreuth 87
Röslau 96
Röslauquelle 41
Röslautal 21, 28, 34, 40, 113
Rudolfstein 88, 90

Saalequelle 84
Saubadfelsen 122
Schausteinbruch Häuselloh 106
Scheibenberg 44
Schmierofenhütte 35, 41
Schmutzlerzeche 68
Schneckenhammer 28
Schneeberg 80, 90
Schönlind 88, 93
Sechsämterland 15

Seehaus 40, 42
Selb 13, 104, 106
Sichersreuth 32
Silberhaus 42
Sophienthal 66
Sparneck 86
Steinbruchwanderweg 98, 101
Steinhaus 109, 116
Steinwald 122, 124

Thierstein 108
Tröstau 14, 34, 36, 40

Valetsberg 25
Vierst 24
Vogelfelsen 122
Volkskundliches Gerätemuseum 18
Vordorfermühle 34, 40

Waldhaus Karches 78, 82
Waldhaus Mehlmeisel 18, 44, 46, 48, 50
Waldsassen-Basilika 18
Warmensteinach 14, 56, 60, 62
Weißenhaider Eck 58, 64, 78, 89, 93
Weißenstadt 14, 90, 94
Weißenstein, Ruine 124
Weißmainfelsen 58, 65
Weißmainquelle 58, 64, 78
Weißmaintal 76, 79, 82
Wellerthal 104
Wenderner Bach 29, 31, 32, 119
Wenderner Stein 118
Wetzsteinfelsen 74
Wildenreuth 67
Wintersreuth 26
Wolfsäule 46
Wunsiedel 15, 20, 24, 26
Wurmloh 37

Zeitelmoos 24
Zell 84
Zigeunermühle 95
Zinnerbrunnen 44

KOMPASS

Mit KOMPASS der Natur auf der Spur!

KOMPASS Naturführer Heilpflanzen
- Farbtafeln · Illustrationen
- Infos und 70 Farbfotos
- Ausführliche Beschreibung

sehen und verstehen

KOMPASS Naturführer Alpentiere
- Farbtafeln · Illustrationen
- Infos und 70 Farbfotos
- Ausführliche Beschreibung

sehen und verstehen

www.kompass.at